2006, Editora Fundamento Educacional Ltda.

Editor e edição de texto: Editora Fundamento
Capa e editoração eletrônica: Commcepta Design
CTP e impressão: Sociedade Vicente Pallotti

Dados Internacionais de Catalogação na Publicação (CIP)
(Câmara Brasileira do Livro, SP, Brasil)

Cirocco, Grace
Dê o passo – a ponte estará lá / Grace Cirocco ; versão brasileira : Editora Fundamento. – São Paulo - SP : Editora Fundamento Educacional, 2006.

Título original : Take the step : the bridge will be there

1. Autoconfiança 2. Auto-estima 3. Conduta de vida 4. Coragem 5. Motivação 6. Realização pessoal 7. Sucesso I. Título.

04-7705 CDD-158.1

Índices para catálogo sistemático:
1. Motivação : Psicologia aplicada 158.1
2. Realização pessoal : Psicologia aplicada 158.1
3. Sucesso : Psicologia aplicada 158.1

Fundação Biblioteca Nacional

Depósito legal na Biblioteca Nacional, conforme Decreto n.º 1.825, de dezembro de 1907.

Impresso no Brasil

Telefone: (41) 3015 9700
E-mail: info@editorafundamento.com.br
Site: www.editorafundamento.com.br

SUMÁRIO

Para minha mãe, Concetta Cirocco,
cujo bondoso coração me ensinou a fé.

Para meu pai, Matteo Cirocco,
cujo espírito corajoso me ensinou a tomar atitudes.

E para Santo, Jasper e Kajsa, que,
todos os dias, me ensinam fé e atitude.

"Nunca deixaremos de explorar
E o fim de nossa exploração
Será chegar ao lugar de onde partimos
E conhecê-lo pela primeira vez."
T.S. Elliot

"A pessoa comum não sabe o que fazer com a própria vida, mas, mesmo assim, deseja outra que dure para sempre."
Anatole France

INTRODUÇÃO

Eu precisava escalar um muro vertical. As paredes eram lisas, reluzentes e duras, e o muro era bem alto e feito de mármore branco. "Escalar esse muro de mãos vazias? Impossível", pensei, mas sabia que pelo menos uma pessoa o havia feito, uma acrobata chinesa. Ela era pequenina e atlética.

Eu precisava escalar aquele muro porque, do outro lado, havia um problema de importância nacional, ligado a computadores, que eu deveria solucionar. Somente eu tinha a resposta para o tal problema, porém não conseguia transpor aquele maldito muro. Tentei inúmeras vezes; em todas elas, escorregava de volta para o chão. Não havia nada em que pudesse me segurar. "Isso é impossível", pensei, um pouco aborrecida. "Deve ser alguma brincadeira." Criei um monte de desculpas para justificar o fato de não pular o muro. "Não tenho o tipo de corpo ideal. Não sou forte o bastante. Além disso, não sei nada sobre computadores."

Essa situação prolongou-se durante algum tempo, até que me cansei de todas aquelas desculpas; bem lá no fundo eu sabia que, se realmente quisesse, poderia escalar aquela superfície escorregadia. Mas como? Eu nunca havia feito nada parecido antes. Fechei os olhos, respirei profundamente e disse para mim mesma: "Eu consigo." Comecei a repetir "Eu consigo, eu consigo, eu consigo", sem parar, até tornar-se um mantra. Enquanto isso, eu me concentrava na parede de mármore. E então, sem mais nem menos, sete palavras apareceram. "Dê o passo – a ponte estará lá." As palavras estavam ali, no alto do muro, acenando, convidando-me a subir. "Dê o passo. Tudo bem. A ponte estará lá? Que ponte?" Não havia nenhuma ponte. Somente uma parede. Eu tinha de subir naquela parede. Calma, relaxe. Respire fundo. Concentre-se. Visualize. "Grace, você consegue! Grace, você consegue! Vá em frente!"

Abri os olhos: milagrosamente, eu havia escalado o muro. Estava no topo. Tudo o que vinha a minha mente era: "Uau, foi tão fácil!" Estava em completo êxtase. "Puxa vida, consegui!" E, então, veio a dúvida: "Muito bem, mas será que eu conseguiria fazer isso outra vez?" Precisava ter certeza, por isso escorreguei de volta para o chão. Uma atitude arriscada! Fechei os olhos e vi aquelas mesmas sete palavras: "Dê o passo, a ponte estará lá. Agora eu entendi. Faça com fé!" E lá estava eu escalando outra vez, mas agora tudo era ainda mais fácil. Comecei a pensar: "Talvez eu devesse falar aos outros sobre isso." E, então, acordei.

Dois anos antes de ter esse sonho, eu havia deixado um emprego seguro e bem remunerado para começar minha empresa de treinamento e consultoria. Isso foi no início dos anos 90. Por toda parte, empresas estavam se reestruturando, submetendo-se ao processo de reengenharia e despedindo funcionários. Ninguém queria contratar uma desconhecida, pois grandes empresas de treinamento, com resultados comprovados, competiam pelo trabalho. Com duas crianças bem pequenas, dívidas que se acumulavam e um marido que também recebia por tarefa, sem um salário fixo, senti que não tinha mais como pagar uma pessoa para tomar conta das crianças enquanto ficava no escritório olhando para o telefone. Depois de dois anos de trabalho inútil, resolvi desistir de correr atrás de um desejo e procurar um emprego "de verdade". Foi nesse momento que tive o tal sonho.

Às vezes, nossas almas nos enviam mensagens quando estamos prestes a dar as costas a nosso verdadeiro caminho. O sonho me inspirou, me ajudou a voltar a acreditar em mim mesma. Escrevi **Dê o passo – a ponte estará lá** em letras pretas e bem grandes e colei o cartaz na parede no escritório. Essas palavras passaram a ser a bússola à qual eu recorria sempre que me sentia perdida, elas me deram coragem para continuar a seguir os anseios de meu coração e permanecer fiel ao chamado de minha alma.

Com o passar do tempo, criei uma oficina de estudos chamada "Dê o passo – a ponte estará lá". E, nos últimos oito anos, ajudei milhares de pessoas a darem esse passo na direção de seus sonhos.

Ação (dê o passo) e fé (a ponte estará lá) são os dois ingredientes mais importantes para se alcançar qualquer coisa que se deseje na vida. O problema é que, quando queremos agir, não seguimos em frente porque não acreditamos em nós mesmos e, se acreditamos em nossa capacidade, temos medo de agir. Raramente conseguimos juntar fé e ação e nas doses certas.

AGINDO

Minha alma não encontrará a si mesma se não entrar em ação. Portanto, ela precisa agir. Estagnação e inatividade trazem a morte espiritual.
THOMAS MERTON

Existem pessoas que têm muita fé ou pelo menos parecem ter. Elas afirmam que acreditam em si mesmas, declaram que podem fazer qualquer coisa. Parecem confiantes e seguras e falam constantemente sobre o que vão fazer – algum dia. Essas pessoas não conseguem ir para a frente porque não movem os pés, elas sofrem de paralisia analítica. E nunca poderão ter certeza de que sua fé é real porque não a testam de maneira prática.

A verdade é que nunca saberemos se somos realmente capazes de fazer algo até tentarmos fazê-lo. Fé sem ação não é fé; somente a ação torna a fé real. Dizem que conhecimento é poder, mas o conhecimento que fica dormente no cérebro não vai fazê-lo progredir. O que você faz com aquilo que sabe é o que fará diferença em sua vida. No instante em que seu cérebro mandar para seus pés a mensagem "ande", você vai começar a atravessar a ponte e mudar sua vida para sempre. O que será preciso para, finalmente, fazê-lo agir? A ação cria pontes que levam a possibilidades. A ação alimenta a auto-estima e o auto-respeito. Quando abandonamos o medo e tomamos uma atitude, a vida pode transformar-se de banal em excepcional.

Quando abandonamos o medo e tomamos uma atitude, a vida pode transformar-se de banal em excepcional.

Neste livro, discutirei como você pode fazer o trabalho de base necessário para tomar atitudes em sua vida. Você terá a oportunidade de perguntar a si mesmo: "O que eu realmente desejo? O que me traz alegrias? Que visão tenho de minha própria vida e como posso chegar lá? O que eu estou adiando? O que estou esperando?" Você terá a oportunidade de dedicar-se àquilo que está por ser feito em sua vida. O paradoxo é o seguinte: para tomar uma atitude e **agir**, precisamos, em primeiro lugar, aprender a **ser**. A porta de entrada para a ação são os poderosos estados de ser que discutiremos nos próximos cinco capítulos. Isso mesmo, você precisa agir, mas precisa alinhar sua bússola com aquilo que é mais sagrado para você, e só conseguirá fazer isso se explorar e descobrir quem você é.

Eu escrevi o que estava em meu coração: que as próximas páginas possam iluminar seus objetivos e inspirá-lo a dar o passo.

Grace Cirocco

1

AUTENTICIDADE

QUEM SOU EU?

A verdade está dentro de nós, não se origina de coisas exteriores, não importa em que você acredite...

ROBERT BROWNING

Não consegui "desgrudar" do rádio do carro, ouvindo a irmã Eva Solomon, uma mulher da tribo Ojibway, contar sua história. Aos 15 anos, ela foi chamada para visitar um tio que estava hospitalizado após ter sido brutalmente agredido por um grupo de amigos. Sentada ao lado dele, sentindo-se ao mesmo tempo zangada e triste, ela perguntou a Deus, em desespero: "Por que os nativos espancam uns aos outros dessa maneira?" E, então, como num clarão de luz, ela compreendeu algo que mudaria sua vida para sempre: "Não é o álcool", pensou. "É porque eles não sabem quem são."

Quando nos sentimos alienados do próprio Eu, ficamos desconectados de nosso Espírito. Perdemos a chave para nossa grandiosidade. Não nos sentimos mais como o milagre ímpar que somos; afastamo-nos de nosso cerne, de nosso Eu verdadeiro. Eva Solomon passou toda a vida adulta ajudando os povos nativos a redescobrirem a si mesmos e a lidarem com o problema da auto-alienação. "Quem sou eu?" é a questão central que cada ser humano precisa enfrentar e que está na raiz de nossa busca espiritual. Devemos nos fazer essa pergunta repetidas vezes para iniciarmos nosso diálogo interior. Essa questão vai nos levar a uma jornada consciente, ao caminho que nos afasta da auto-alienação. É assim que podemos nos religar a nosso verdadeiro Eu. Esse é o caminho de volta para casa.

PARANDO A VIDA

Todos os problemas do homem derivam do fato de que ele não é capaz de ficar sentado sozinho, em silêncio, num aposento.
BLAISE PASCAL

Quem somos não é definido por emprego, corpo, família, conta bancária, automóveis ou qualquer outro objeto material. Quem somos não é definido nem pelos papéis que desempenhamos em relação aos outros: mãe, pai, professor, esposa, vizinho, homem de negócios, gerente, amigo. Quem somos transcende este mundo, quem somos é definido através de Espírito, Luz, Amor. E como nos conectamos com essa parte de nós neste mundo louco e acelerado?

Você já se perguntou o que aconteceria se um dia, de repente, você parasse sua vida? Como se alguém apertasse o botão "parar" em uma linha de montagem de uma fábrica e tudo fosse interrompido. Você já desejou levar seu Espírito para tirar umas férias, só você e ele?

Adoro observar as pessoas em movimentados centros urbanos, em estações de trem, centros comerciais ou apenas na rua, caminhando com muita pressa para o próximo destino. Sempre tive vontade de fingir que estava fazendo alguma pesquisa de opinião, criando assim uma desculpa para perguntar a elas aonde iam. "Com licença, senhor, sou da Companhia ABC. Estamos fazendo uma pesquisa nesta tarde; gostaríamos de saber aonde as pessoas estão indo. O senhor poderia nos dizer, com palavras próprias, para onde está se dirigindo neste exato momento?" Aposto que sei o que responderiam: "estou indo para casa", "estou indo para o trabalho", "ao cinema", "encontrar um amigo", "à academia de ginástica", "passear um pouco". Ninguém olharia bem no fundo dos meus olhos e diria: "Bem, sei lá... Estou levando meu Espírito para tirar umas férias."

Todos nós temos vidas bastante agitadas, fazemos tantas coisas ao mesmo tempo; somos guerreiros dos tempos modernos, marchando nas calçadas em nome do progresso e do crescimento econômico. Fico assombrada quando vejo as pessoas nos aeroportos conectando-se eletronicamente com seus escritórios, através de telefones celulares ou *e-mails*; estão sempre tentando resolver algum último assunto antes de embarcar no avião. Quase todas estão ocupadas "indo a algum lugar", e suas vidas acompanham esse ritmo em velocidades que chegam a ser assustadoras.

E se você conseguisse parar sua vida?

E se você conseguisse parar sua vida? E se resolvesse dar-se o prazer de sair de si mesmo e propor a seu Eu verdadeiro algumas questões vitais, questões que o fariam ver a vida sob uma nova perspectiva? Quem sou eu? O que quero realmente? Como desejo participar deste mundo? Estou vivendo uma vida autêntica? Milhares de pessoas fizeram essas perguntas a si mesmas, na última década, quando perderam seus empregos e se viram empurradas do alto de um precipício sem rede de proteção para esperá-las. Quando chegaram lá embaixo, tiveram de recolher os pedaços que sobraram de seu mundo destruído e despertar para o novo.

DESPERTANDO PARA NOSSA AUTENTICIDADE

Não existem modelos exemplares para o despertar, essa não é uma atitude que a sociedade costuma tolerar ou sancionar. O despertar envolve um desafio ao *status quo*. É algo para corações valentes.
GRACE CIROCCO, **Journey to the self**

Seja qual for o catalisador, "acordar" é algo que realmente aviva a alma. É claro que o caminho será repleto de desafios e medos. Dependendo de sua atitude, despertar pode ser uma maldição ou uma bênção; a jornada pode ser confusa, diversificada e longa, mas também bela, inspiradora e arrojada. Despertar é o destino da alma, é um direito, não um privilégio. É parte do plano, a revelação do Mistério. Mas o que devemos fazer para despertar?

> Dependendo de sua atitude, despertar pode ser uma maldição ou uma bênção.

Procurar viver uma vida autêntica é uma busca muito antiga. Parece que o homem procura a verdade desde seus primórdios. Quando consultamos um dicionário, constatamos que a palavra "autêntico" significa "genuíno, que não é falso ou fictício, original". É isso o que você vê quando se olha no espelho? É pouco provável que as pessoas embarquem em uma busca espiritual por seu Eu verdadeiro sem ouvirem algum "toque de despertar" externo. Em primeiro lugar, não aprendemos o segredo de parar nossa vida para examiná-la. Para alguns de nós, um toque de despertar é algo inevitável; são acontecimentos como tragédias pessoais, um contato com a morte, uma doença, a perda do emprego ou de uma amizade, divórcio ou traição. O despertar também pode vir com o passar do tempo, quando comemoramos mais um aniversário com final zero.

Depois de um de meus seminários, um homem aproximou-se de mim com lágrimas nos olhos, para falar de seu toque de despertar. Ele estava respondendo a uma pesquisa que fiz com o grupo para mostrar como homens e mulheres reagem de maneiras diferentes ao estresse.

Quando as mulheres têm muitas obrigações a cumprir em pouco tempo, elas se organizam, sem deixar de cuidar das responsabilidades com a família; a parte sacrificada são os amigos e a ginástica, exatamente aquilo de que precisam para lidar com o estresse. Para os homens, é diferente: quando eles se sentem pressionados, dão conta de tudo no trabalho e ainda conseguem um tempo para se exercitar, mas a família é deixada de lado.

"Pensei que, se continuasse a trazer o salário para casa, estaria cumprindo minhas obrigações", disse-me ele, secando as lágrimas. "Estava preocupado, com medo de ser demitido. O que não percebi é que podia ser demitido da minha família."

"O que aconteceu?", perguntei. Assim que abri a boca, arrependi-me de ter perguntado, pois o queixo dele começou a tremer.

"Um dia, voltei para casa e descobri que minha mulher e minhas duas filhas não estavam mais lá. Tempos depois, ela pediu o divórcio."

Aquilo havia sido um barulhento toque de despertar em sua vida, e a ferida, é claro, ainda precisava cicatrizar. Ele não é o único, muitas pessoas só descobrem o que é realmente importante quando já é tarde demais.

Minha amiga Meranda, que é esteticista, administra o próprio negócio. Nos últimos dois anos, ela vinha trabalhando arduamente para conseguir uma clientela sólida, por isso não nos víamos com freqüência. Há pouco tempo, uma tia, de quem ela foi sempre próxima, morreu de repente. Foi um choque para todos, e Meranda sentiu-se triste, pensativa e passou a refletir sobre a própria vida. "Tudo isso me fez perceber algumas coisas", disse-me ela, "como, por exemplo, quem é importante para mim e como a vida é valiosa. Tenho trabalhado demais."

Toques de despertar podem assumir várias formas e tamanhos; vêm sem anunciar e podem nos causar enorme sofrimento. Ninguém sabe por que coisas ruins acontecem. Algumas vezes, sentimos vontade de gritar "por que eu, meu Deus?" Mas, se os enfrentarmos com coragem e trabalharmos os sentimentos (o medo, a ansiedade e o tumulto que eles produzem), esses toques podem atuar como purificadores do Espírito e como uma forma de desenvolver nossa alma.

Embora dolorosos, os toques de despertar nos aproximam de quem realmente somos. Eles podem dar início a uma jornada espiritual para a descoberta de nosso ser mais profundo e verdadeiro. A jornada espiritual é a viagem de volta para nosso Eu, de retorno a nossas raízes, de religação a nosso Espírito.

"Essa jornada não é fácil", dizia meu cliente Tom ao voltar para mais uma sessão semanal de orientação. O toque de despertar de Tom aconteceu aos 52 anos, quando lhe disseram que a empresa não precisava mais de seus serviços; ele sabia que alguns cortes seriam feitos, mas nunca imaginou que seu posto estaria ameaçado. Embora chocado no início, atualmente, três anos depois, ele se sente renovado, revigorado. E aprendeu algumas coisas bastante interessantes no

caminho: descobriu, por exemplo, que a indústria de computadores na qual trabalhava estava corroendo sua alma. Tom vinha ignorando os sinais que seu corpo enviava, alertando para problemas de saúde. Ignorou também o que mais importava em sua vida: a mulher e os filhos. Em sua jornada de dois anos, ele também descobriu que possui o coração de um artista; hoje, Tom é pintor e já vendeu alguns de seus trabalhos para amigos e pela Internet. Ele diz: "Fico tão feliz em saber que estou oferecendo ao mundo o que meu Eu verdadeiro deseja e não o que meu chefe me manda oferecer."

Nós somos como aquela bela fênix, que queima e morre para renascer das cinzas como uma criação nova e magnífica. Somos um trabalho ainda inacabado. Que toques de despertar você já teve? Em que você precisa prestar atenção? Para que sabedoria sua alma está pronta? Cada acontecimento em sua vida é um professor, um mensageiro do inconsciente. Buda disse que nossa única tarefa é despertar: desperte sua alma para essa possibilidade e você vai enxergar a vida com um novo olhar.

TIRANDO NOSSAS MÁSCARAS

A alma prefere muito mais fracassar em sua própria vida do que ser bem-sucedida na vida de outro alguém.
DAVID WHYTE

Como acordamos de nosso sono? Como acordamos para nossa magnificência, nossa divindade, para o fato de que somos milagres que vivem, respiram, andam e falam? Uma das maneiras é começar tirando nossas máscaras. Somos condicionados pela propaganda e pela mídia popular a duvidar de nós mesmos devido à nossa aparência, fracassos ou imperfeições de personalidade; para nos sentirmos bem outra vez, assumimos várias máscaras, na tentativa de agradar às pessoas que nos rodeiam. Algumas vezes, colocamos essas máscaras como se fôssemos crianças tentando lidar com a perda, com a solidão ou com uma família desajustada; outras vezes, assumimos as máscaras por causa do medo – medo da dor, de não sermos amados, do fracasso, do abandono. Usamos as máscaras porque, de alguma maneira, nos convencemos de que nosso

Eu verdadeiro não é satisfatório. É preciso honestidade para reconhecer essas diversas máscaras e coragem para começar a tirá-las e viver com autenticidade.

Para expressar ao mundo o que somos, precisamos, em primeiro lugar, tomar consciência do que somos e do que não somos. Se for possível, busque a solidão: o falso Eu tende a emergir na presença de outras pessoas, e o Eu verdadeiro tem maior probabilidade de revelar-se quando estamos sós. Procure separar um intervalo de tempo ininterrupto, fazendo uma longa caminhada sozinho ou sentando-se em algum lugar confortável e tranqüilo. Adoro ir a um bosque perto de minha casa, para sentar em meu tronco de árvore favorito; vou até lá para entrar em contato comigo mesma. Ainda criança, em uma propriedade onde plantávamos frutas, eu corria até um pequeno canal para escrever em meu diário; talvez você também tenha tido um lugar como esse na infância. E hoje? Encontre um recanto onde possa celebrar a solidão. Seja em casa ou ao ar livre, é preciso haver um lugar onde você possa estar só. Então, pense nas duas questões que se seguem (ou anote-as em seu diário agora e deixe para pensar nelas amanhã no parque, ou quando estiver dirigindo de volta para casa, ou enquanto estiver tomando um banho de banheira). Deixe que estas perguntas plantem uma semente em seus pensamentos e permita que as respostas venham à tona quando estiverem prontas. Entretanto, quando alguma nova percepção lhe vier à mente, anote-a.

> É preciso haver um lugar onde você possa estar só.

- Quem eu finjo ser e com quem? Por exemplo, "Finjo que sou forte com meus filhos" ou "Finjo que sei tudo com meu chefe", ou "Finjo que controlo as situações com meus clientes".
- O que estarei arriscando se for eu mesmo? Por exemplo, "Arrisco-me a ser julgado com rigidez", "Arrisco-me a ser magoado" ou "Arrisco-me a perder o controle das situações".

Depois disso, observe as máscaras que aparecem junto à figura. Muitas delas são assumidas inconscientemente; com o passar do tempo, elas começam a ser percebidas como se fossem nossa identidade e fica difícil tirá-las. Esse processo é parte de uma jornada de autodescoberta. Precisamos nos livrar do que é falso e descobrir nossa verdade interior.

insuficiente	auto-suficiente
exagerado	supermãe/pai
perfeccionista	austero
sujeito "durão"	empreendedor
sabe-tudo	protetor do mundo
"tem-tudo"	vítima
faz-tudo	mártir
pessoa legal	santo
palhaço da turma	paquerador
sexo frágil	julgador
louco por festas	rebelde
loura burra	experiente
workaholic	

- Quais dessas máscaras você sabe que usa?
- O que perderia se as tirasse?
- Como o fato de usá-las o deixa alienado de seu Eu verdadeiro?
- A quais delas você está pronto para dizer adeus?

O primeiro passo para remover essas máscaras é ter consciência delas, saber exatamente quando elas aparecem e com quem. Quem aperta os botões? Muitas pessoas foram socializadas para sacrificar seu Eu verdadeiro e ir ao encontro das expectativas da sociedade. Ao agradar a todos, acabamos perdendo nosso modo único de ser, nossa individualidade. Após assumirmos camadas e mais camadas de máscaras, religarmo-nos a nossa essência mais autêntica pode ser uma tarefa bastante árdua.

MÁSCARAS E RELACIONAMENTOS

De manhã, no café, uma amada perguntou a seu amor: "Quem você ama mais, você mesmo ou eu?"
RUMI

O Eu verdadeiro emerge quando sente que está em segurança. Como você é com seu melhor amigo? Com seus pais? Com colegas de infância? Com os vizinhos? Com colegas de trabalho? Com seu chefe? Com seus filhos? Minha experiência me diz que permitimos que diferentes partes de nós venham à tona em diferentes momentos, dependendo do quanto nos sentimos seguros em cada um de nossos relacionamentos. Quando nos sentimos incondicionalmente amados e aceitos, ficamos relaxados o bastante para colocar de lado as máscaras e revelar nosso Eu verdadeiro. Pense em máscaras e em seus relacionamentos e pergunte a si mesmo:

- Quem você permite que veja seu verdadeiro Eu?
- Que relacionamentos trazem à tona seu Eu mais profundo e autêntico?
- Com quem você se sente vulnerável?
- Que máscaras você usa com seu patrão?
- Que máscaras você usa com seus pais e irmãos?
- Que máscaras, se houver, você usa com seu parceiro ou parceira?

Há momentos em que as duas partes de um relacionamento colocam máscaras. Isso é perfeitamente normal em situações nas quais há algo em risco; por exemplo, imagine duas pessoas negociando a venda de uma casa. O vendedor diz que a casa é perfeita; para acelerar a compra, ele deseja que o comprador saiba que há muitos outros interessados. Por outro lado, o comprador deseja que o vendedor pense que ele também tem outras opções e não demonstra muito interesse, mesmo que esteja louco pelo imóvel. Ambos estão protegendo os próprios interesses e cada um tem um plano de ação.

Algumas vezes, porém, as pessoas mostram as próprias vulnerabilidades, medos, esperanças e sonhos. Elas compartilham as dores e as alegrias, não têm medo do que são porque sabem que, apesar dos demônios internos que revelarem, não serão julgadas nem rejeitadas. Esses relacionamentos são os mais sagrados para nós e fazem com que a vida valha a pena; neles, podemos assumir riscos, sabendo que, se surgir algum conflito, tudo continuará bem. Temos fé em que nada vai abalá-los e que amor e aceitação estarão sempre presentes.

Considero minhas almas gêmeas as pessoas com quem compartilho tudo o que sou e com quem me arrisco a ser totalmente autêntica; as almas gêmeas estão ligadas no nível espiritual, já estiveram juntas em vidas passadas. Há uma compreensão e um bem-estar profundos, e os conflitos se tornam uma gota d'água no vasto oceano do Amor.

MÁSCARAS E EMOÇÕES

Quando divide comigo sua alegria, você me revela quem é.

ORIAH MOUNTAIN DREAMER

Algumas vezes, trazemos à tona nosso Eu autêntico e percebemos quanto ele fica vulnerável quando posto frente a frente com as máscaras dos outros. Quando isso acontece, sentimo-nos não apenas tolos, mas profundamente traídos.

Passei por uma experiência como essa há cerca de dez anos: eu fazia parte de um grupo de ajuda a mulheres que se encontrava uma vez por semana. Estávamos prestes a dar início a um retiro de fim de semana e, antes de sairmos, a líder do grupo quis saber o quanto nos sentíamos à vontade e em segurança umas com as outras; iríamos fazer um intenso "trabalho interior" naquele fim de semana, por isso era importante nos sentirmos seguras o bastante para deixarmos aflorar nosso verdadeiro Eu.

Cada uma de nós recebeu uma folha de papel com os nomes de todas as mulheres do grupo, além de três conjuntos de adesivos com as cores do sinal de trânsito. Os vermelhos significavam: "Pare! Não me sinto confortável com você. Tenho algum problema com sua presença." Basicamente, significavam: "Não gosto de você." Os amarelos significavam: "Siga em frente, mas com cuidado." Receber um desses adesivos era interpretado como: "Não a conheço bem. Poderia me sentir confortável com sua presença, mas precisamos conversar mais." Os adesivos verdes enviavam a seguinte mensagem: "Gosto de você. Sinto-me à vontade em sua presença." Depois de colocar adesivos ao lado de cada nome, fomos orientadas a encontrar as pessoas individualmente para falar de nossos sentimentos sobre cada uma delas. Devido a meu temperamento, atribuí uma luz verde à maioria das mulheres; somente algumas receberam a amarela, mas isso aconteceu porque eu havia faltado a algumas sessões e ainda não conhecia todos os membros do grupo. Então, depois que expliquei a uma das mulheres (vou chamá-la de Sue) por que eu lhe atribuíra uma luz verde, ela me respondeu com esclarecimentos sobre os motivos que a levaram a atribuir-me com uma luz vermelha.

Lembro-me do terrível sentimento de dor e confusão que experimentei naquele instante, foi um grande choque, principalmente porque eu havia sido afetuosa e generosa quando falei sobre ela. Sue disse que tinha um problema com meu modo de me expressar abruptamente no grupo e com o mau hábito de estar sempre fazendo perguntas a todas. Disse também que não gostava de minha "personalidade efervescente" e de meu "nauseante entusiasmo"; em resumo, eu era intensa demais, barulhenta demais, e ela achava que não poderia sentir-se bem perto de mim.

Não acreditei no que estava ouvindo; se ela se sentia assim a meu respeito, por que não percebi antes? Como pude ter sido tão ingênua? As palavras dela me feriram até a alma. Passei o resto da noite sozinha, envergonhada demais para enfrentar as outras mulheres. Foi preciso muita coragem e insistência por parte da líder e do resto do grupo para que nós duas levássemos em consideração a possibilidade de irmos ao encontro, mas acabamos concordando. Naquele mesmo fim de semana, durante uma sessão de psicodrama e representação de um sonho, aprendi coisas sobre Sue que abriram meus olhos e meu coração para ela: descobri que, quando criança, Sue também fora como eu, entusiasmada, estimulada, sempre efervescente, fazendo milhares de perguntas a todos. Mas sua mãe não aprovava aquele modo de ser e, um dia, num ímpeto de raiva, derramou água fervente nos braços da menina para calar sua voz; daquele dia em diante, Sue assumiu a máscara da menina "reservada e dócil" e enterrou a parte de si mesma que a mãe não amava e não aceitava.

A Sue adulta não tinha consciência de que seu Eu verdadeiro era parecido comigo: ao contrário, ela odiava qualquer um que a fizesse lembrar-se da pessoa que não tinha permissão para ser. Mais que me fazer abrir os olhos, a experiência daquele fim de semana foi algo que me fez abrir a alma, trouxe a cura e o perdão a nosso relacionamento e ao grupo como um todo. Tornei-me a orientadora extra-oficial de Sue, encorajando-a a colocar de lado a máscara da docilidade e a deixar seu verdadeiro Eu emergir para brincar comigo.

> As máscaras nos impedem de atravessar a ponte que leva a nossos sonhos e à vida que desejamos.

Nós vestimos nossas máscaras para nos proteger e, quando somos crianças, elas funcionam. Entretanto, quando nos tornamos adultos, chega a hora de fazer a nós mesmos algumas perguntas. Suas máscaras representam quem você realmente é? Elas o estão traindo? Quais são seus estímulos emocionais? Será que as pessoas que você considera "difíceis" não representam facetas de seu Eu sepultado? Teriam elas a chave para abrir as portas de suas máscaras inconscientes? Estaria você projetando suas máscaras nas pessoas que fazem parte de sua vida?

As máscaras nos afastam de nosso Eu verdadeiro, elas nos impedem de experimentar a alegria, o amor e a felicidade aos quais temos direito. Elas também nos impedem de atravessar a ponte que leva a nossos sonhos e à vida que desejamos. Acorde. Pense. Tome consciência de qualquer pessoa que o faça usar máscaras e reflita sobre o motivo que o leva a fazê-lo. Esse motivo pode ser um sinal de que está na hora de deixar de lado essas máscaras e trazer à superfície sua essência autêntica, sua verdadeira Voz. Aprofunde-se, conecte-se à sua criança interior. Chore pela pessoa que não lhe permitem ser. Exponha as máscaras inconscientes e livre-se delas. Melhor ainda, faça uma solenidade, enterre-as e diga adeus.

A ÚLTIMA MÁSCARA

Não devemos permanecer feridos. Se ficarmos presos ao poder de nossos ferimentos, obstruiremos nossa própria transformação.
CAROLINE MYSS

Não se deixe iludir pelas máscaras enganadoras, aquelas que parecem nos dar a sensação de valor próprio, de uma identidade: são as últimas a serem retiradas. Vejamos, por exemplo, uma de minhas queridas vizinhas, cujo nome é Elaine. Ela sentia dores constantes após machucar as costas num acidente de trânsito ocorrido há vários anos. Apesar dos conselhos e recomendações de médicos e amigos para que fizesse massagem sacro-cranial, acupuntura ou hidroterapia, Elaine não procurou nenhuma ajuda.

Eu não compreendia aquela situação até que a vi com um grupo de pessoas: era um dia de verão, e os vizinhos estavam cuidando do jardim ou levando os cães para passear. Fiquei observando Elaine enquanto ela contava a todos sobre seu sofrimento, conseguindo, com habilidade, atrair a compaixão de cada um. "Coitada da Elaine", diziam. E perguntavam: "Como você consegue viver assim?" Foi ali, naquele instante, que percebi que Elaine estava casada com suas dores e que, enquanto despertasse aquele tipo de reação, não abandonaria a máscara da dor. Ela estava conseguindo a atenção e a comiseração que buscava, mas também estava presa à própria doença.

Pergunte a si mesmo se alguma de suas máscaras está protegendo sua auto-estima. O que você perderia se a retirasse?

A BUSCA PELA AUTENTICIDADE

Não procure no exterior; volte-se para dentro de si mesmo, pois é no homem interior que habita a verdade.
SANTO AGOSTINHO

Precisamos estar conscientes para acordar; mas precisamos acordar para estar conscientes! Por isso, fique alerta para os eventos que se disfarçam de problemas em sua vida, pois eles podem ser seus toques de despertar. Observe as pessoas, os lugares e os eventos que você chama para sua vida.

Vamos voltar um pouco no tempo, para a época em eu era aluna da Universidade Queen's, em Kingston, Ontário. Muitas universidades e faculdades patrocinam escritores e os convidam para morar no *campus* e interagir com os alunos. Em meu primeiro ano, conheci um escritor italiano e me tornei amiga dele; seu nome é Giorgio Bassani e ele é o autor de **O jardim dos Finzi-Contini**, que originou um filme com o mesmo nome. Muitas vezes, após as aulas, nós caminhávamos juntos pelo *campus*, freqüentemente de braços dados, segundo os costumes italianos. Estávamos no outono e tenho belas lembranças do barulho das folhas nas quais íamos pisando quando contornávamos os edifícios de pedra clara.

Esse amável homem das letras falou comigo sobre sua filosofia de vida. "Seja sempre observadora, Graziella", dizia ele em italiano. "Um bom escritor observa até o mais ínfimo dos detalhes. É preciso observar, senão a vida passa e você a deixa escapar." Depois, nós nos sentávamos em silêncio e prestávamos atenção ao vento que batia em nossos rostos, aos esquilos que corriam nos galhos das árvores ou às ondas do Lago Ontário. Algumas vezes, outros alunos passavam, e ele perguntava baixinho: "O que você observou naquele relacionamento? O que viu no rosto dela? E no dele?" Ele me disse que seu trabalho como escritor era observar o mundo e relatar o que descobriu.

> É preciso observar, senão a vida passa e você a deixa escapar.

E se alguém estivesse encarregado de escrever um livro sobre sua vida, seus pensamentos, sentimentos, amigos, escolhas, tudo o que você é, sem nada em que se basear, a não ser o que você mesmo dissesse? O autor ficaria totalmente dependente de você para a coleta de material e, todos os dias, você teria de relatar alguma nova observação sobre sua vida. Você acha que começaria a prestar mais atenção em seu mundo? Acha que acordaria para a vida, para a grandeza de seu próprio ser? Acha que ficaria mais consciente de seus sentimentos e das conversações que habitam sua mente? No trabalho, quando não mantemos conversações com colegas e clientes, nós os perdemos; em casa, não manter uma conversação com o parceiro e os filhos significa a perda desses relacionamentos. E, se não alimentarmos nossa conversação interna, acabamos por perder o próprio Eu. A busca por Autenticidade começa quando começamos a ficar atentos a essa conversação.

PRESTE ATENÇÃO A SEUS SENTIMENTOS

Durante muito tempo, ficamos cegos para as riquezas cognitivas do sentimento!
JOHN O'DONAHUE

Os sentimentos são um caminho poderoso para saber quem você é. Sentimentos são sagrados, não mentem, são um veículo para a expressão de seu Eu verdadeiro. Mais do que qualquer outro meio, eles dirão quem é você. É por isso que precisamos prestar atenção neles.

Quando somos jovens, aprendemos que, para sobreviver no "mundo real", precisamos disfarçar nossos sentimentos, colocá-los de lado, livrarmo-nos de nossa vulnerabilidade e não demonstrar aos outros o quanto estamos sofrendo; aprendemos a ocultar nossos sentimentos mais autênticos, principalmente se forem negativos. A raiva é uma das emoções mais ameaçadoras e, desde cedo, as crianças aprendem que expressá-la é uma postura inaceitável. Em vez de castigar ou abandonar os filhos quando eles ficam com raiva, os pais precisam permitir que eles tenham acesso aos próprios sentimentos; precisam sobreviver à raiva e ao ódio e descobrir uma forma de oferecer amor incondicional.

A convivência entre pais e filhos envolve aborrecimentos e conflitos, e isso é normal; entretanto, se os pais são emocionalmente carentes, inseguros ou depressivos, não são capazes de oferecer uma aceitação incondicional quando seus filhos demonstram emoções negativas. Como resultado, muitas pessoas, quando crianças, aprendem a reprimir a raiva e a apagar as emoções mais fortes e intensas; sem perceber, colocamos as necessidades de nossos pais adiante das nossas, criando falsas impressões de quem somos apenas para conseguir o amor e a aprovação de que tanto precisamos. A conseqüência disso é que alguns sentimentos acabam se tornando superficiais, e outros, mais profundos. Se você sente raiva, de quem tem medo? Se sofre, o que o faz ficar triste? Afaste-se de seus pensamentos e concentre-se naquilo que está sentindo.

Algumas pessoas estão de tal maneira distanciadas dos próprios sentimentos que, quando lhes perguntamos como se sentem, respondem com uma opinião, uma afirmativa ou um pensamento. Saiba que seus sentimentos estão esperando para lhe oferecer muita sabedoria, mas é preciso ouvi-los; eles emergem de seu âmago mais verdadeiro e podem ser o impulso para que você embarque em sua jornada espiritual. Muitos trabalhos descrevem os benefícios de nos tornarmos "voltados para o coração".

PRESTE ATENÇÃO A SEUS SONHOS

Os sonhos começam a nos despertar para o fato de que somos seres espirituais ou interdimensionais... Eles são como uma carta do mais alto Eu à mente consciente.
BETTY BETHARDS

Já se atribuiu aos sonhos a capacidade de prever o futuro, salvar vidas, resolver mistérios e abrir a porta para o Eu verdadeiro. Eles são a via expressa para o inconsciente. Centros de pesquisa sobre os sonhos descobriram que precisamos dormir porque precisamos sonhar; temos a necessidade de visitar o mundo inconsciente, o mundo dos sonhos, e precisamos fazê-lo todos os dias.

Sempre tive uma fascinação pelo estado de sonho. Para onde vamos quando sonhamos? Quando meus filhos ainda eram bebês, sentia enorme prazer em observá-los dormindo, porque podia vê-los sonhar: os olhos moviam-se de um lado para o outro e, de repente, eles começavam a sorrir. Minha avó me dizia que os bebês estão muito ligados ao mundo espiritual e que, durante os sonhos, eles se comunicam com Deus e os anjos.

Muitos terapeutas trabalham com os sonhos para liberar bloqueios emocionais e acelerar processos de cura. Precisamos prestar atenção a nossos sonhos porque eles podem nos conectar ao que é verdadeiramente autêntico em nós mesmos. Às vezes, o mesmo sonho nos aparece repetidamente, talvez por estarmos ignorando sua mensagem; este livro começou com um sonho que tive há muitos anos e dele eu tirei seu título. Todas as pessoas sonham, mas nem todas se lembram do que sonharam; uma forma de começar a lembrar-se é tomar a decisão consciente de fazê-lo. Antes de dormir, diga a si mesmo: "Quero me lembrar de um sonho, quero me lembrar de um sonho." Repita isso três vezes, se possível em voz alta, faça isso várias noites seguidas, seja persistente. Você pode experimentar também deixar um copo de água ao lado da cama; antes de dormir, beba a metade. Diga a si mesmo, em voz alta: "Amanhã, quando eu acordar, beberei a outra metade da água e me lembrarei de um sonho." De manhã, assim que despertar e antes de se levantar da cama, beba a outra metade e veja o que acontece; alguns de meus clientes dizem que não tinham nem começado a beber a água e já tinham algumas lembranças.

Outra técnica para lembrar-se dos sonhos é acordar lentamente; despertadores que nos arrancam do estado inconsciente afastam os sonhos. Se for possível, acorde por si mesmo; se não conseguir, faça-o com música suave. Algumas pessoas são despertadas por seus animais de estimação, outras, pelos filhos; qualquer uma dessas opções é melhor que um barulho alto e mecânico. Então, fique na cama mais um ou dois minutos espreguiçando-se, buscando, lentamente, imagens de seu mundo de sonhos; essa técnica sempre funciona comigo.

Facilite a tarefa de lembrar-se dos sonhos: mantenha um diário ou caderno de anotações ao lado da cama. Assim que acordar, anote tudo o que conseguir lembrar antes de sair da cama; quaisquer frases ou imagens que lhe vierem à mente. O ato de escrever irá estimular mais lembranças; mais tarde, no mesmo dia, pegue de novo as anotações. É possível lembrar-se de mais alguma coisa? Anote quaisquer associações.

Preste atenção a seus sonhos, eles são sussurros vindos do outro lado. Se há muito tempo você não se concentra neles, a tendência é que se escondam, pois os sonhos precisam de persuasão para acontecer. Pergunte a si mesmo o que eles estão tentando lhe dizer. Segundo Carl Jung, os sonhos não devem ser interpretados literalmente, são representações simbólicas do Eu; assim, se você sonhar, por exemplo, que sua mãe está seriamente doente, reflita sobre o que sua mãe significa em sua vida. Pode ser que uma parte de você mesmo, talvez seu Eu protetor, esteja doente. Qualquer guia de interpretação de sonhos é apenas isso:

> Pergunte a si mesmo o que seus sonhos estão tentando lhe dizer.

um guia. Não existe uma bíblia de interpretação universal de sonhos, pois cada indivíduo é diferente. Você é o melhor juiz do que seus sonhos possam estar tentando lhe dizer; pergunte a si mesmo se as situações ou emoções que surgem neles o fazem lembrar-se de algo que esteja acontecendo na vida real.

Que associações você faz com as pessoas e eventos que surgem nos sonhos? Que temas acredita que poderão emergir com o tempo? Fazer uma anotação mental para lembrar-se dos sonhos, discuti-los com as pessoas mais próximas ou com um profissional, colocá-los no papel, tudo isso vai revelar à sua mente subconsciente que você respeita a sabedoria que ela possui; quanto mais respeitada, mais informações ela vai lhe dar sobre quem você realmente é.

Os sonhos são um veículo para nos ajudar a expor as máscaras inconscientes que assumimos com o passar dos anos. Preste atenção a eles.

PRESTE ATENÇÃO A SEU MUNDO

Uma flor é bem pequena, e demora algum tempo até que se consiga enxergá-la; nós não temos tempo, mas enxergar demanda tempo...
GEORGIA O'KEEFFE

Meu marido é míope. Aos 11 anos de idade, ele ganhou seus primeiros óculos e ainda se lembra da felicidade que sentiu no dia em que aquelas lentes lhe revelaram, pela primeira vez, como o mundo realmente era. "Foi incrível", disse-me ele. "Tudo era tão nítido. Eu podia olhar para uma árvore e distinguir cada uma de suas folhas. Folhas! Até então, eu pensava que folhas eram algo que só podia ser visto bem de perto." Ele me disse que, na primeira semana, passou horas caminhando pelas redondezas, observando tudo o que perdera quando não usava óculos. "Era como se eu estivesse vendo tudo pela primeira vez."

E você? O que veria se colocasse óculos que lhe permitissem enxergar sua vida com maior clareza? E se pudesse enxergar a vida com a admiração e o embevecimento de uma criança? Quanto sua vida pareceria diferente? E se seus óculos mágicos o ajudassem a ver as pessoas com mais compaixão, mais amor? Sua vida sofreria alguma mudança? Olhe a seu redor. Abra os olhos de sua alma. O que você vê? Observe tudo o que o cerca e você vai fazer descobertas que irão ajudá-lo a encontrar seu caminho, o lugar que é seu no universo.

TASHI DELEY

O problema do significado da vida é solucionado pelo mistério do amor.
SAM KEEN

Às vezes, descobrimos quem realmente somos através dos olhos dos outros. Quando nos sentimos amados de maneira incondicional, sentimo-nos compreendidos, abençoados, livres. Descobri que uma das razões que levam um casal a se apaixonar é o fato de não mais se sentirem "vistos" pelo parceiro: eles deixam de ver um ao outro com os olhos físicos e passam a se enxergar num nível diferente e mais espiritual. Quando você vê o ser amado com os olhos do coração e da alma, consegue penetrar em sua verdadeira Essência, naquela Luz abundante que o Criador colocou em cada um de nós.

Perguntei a uma amiga e confidente de muitos anos quando ela deixou de estar apaixonada pelo ex-marido; ela me disse que isso acontecera quando estava esperando o terceiro filho. Embora fosse a terceira gravidez, ela se sentia emocionada por estar carregando dentro de si um milagre de Deus, mas o marido não parecia ter consciência daquele milagre. "Ele mal notava minha presença", disse ela. "Demonstrava que tudo aquilo era rotineiro, que não havia nada de especial." Minha amiga sentiu-se sozinha e triste durante toda a gravidez. Embora a decisão de ter o terceiro filho tivesse sido mútua, o marido dela não se permitia enxergar a experiência como uma novidade, como se fosse a primeira vez. Ele não enxergava a beleza e o brilho da mulher, não vislumbrava o Espírito da criança que ainda não nascera. Quando não somos vistos pelo que somos, nós sofremos.

Quando você vê o ser amado com os olhos do coração e da alma, consegue penetrar em sua verdadeira Essência.

Os povos tibetanos têm uma saudação tradicional: quando se encontram, juntam as palmas das mãos com os dedos para cima, na frente do peito, e fazem uma mesura, dizendo: *Tashi deley*. Essas palavras significam: "Eu reverencio a magnificência que há em você." Não é maravilhoso? Imagine como o mundo seria mais sereno e amável se todos se cumprimentassem dessa maneira. Imagine saudar seu chefe, colegas ou vizinhos com essas palavras, imagine reverenciar a magnificência de seus amigos, imagine reconhecer a Luz em seus filhos todos os dias. *Tashi deley* expressa uma profunda reverência pelo outro. É disso que o nosso mundo necessita hoje: seria mais fácil perceber quem somos se as pessoas que nos rodeiam pudessem, pelo menos de vez em quando, refletir sobre nossa magnificência.

Os tibetanos são um povo gentil; tive a oportunidade de conhecer alguns deles num campo de refugiados em Darjeeling, na Índia. Embora a opressão política em seu país os obrigue a viverem exilados, separados de suas famílias, eles ainda usam os olhos espirituais para abençoar uns aos outros. Quando me agradeceram por comprar alguns de seus trabalhos artesanais, cuja venda lhes permite serem auto-suficientes, seus olhos demonstravam afeto e emoção. Eles me viram de uma forma completamente diferente: saí dali sentindo-me abençoada. Não é de se admirar que seu líder espiritual, o Dalai Lama, afirme que religião é compaixão. Os tibetanos sabem comunicar, através dos olhos, a bondade e a delicadeza; eles enxergam nossa Essência Divina.

No passado, eu costumava ficar aborrecida quando observava pais agindo de maneira indiferente com os filhos. Sei que as crianças são amadas, mas raramente vejo pais cujo olhar abrace os filhos e enxergue neles o verdadeiro milagre que são. Isso sempre me deixou triste e nunca pude compreender por que se comportavam de maneira tão banal diante de tamanha preciosidade. E jurei para mim mesma que valorizaria sempre meus filhos, que nunca permitiria que sua presença se tornasse um lugar-comum, que reconheceria o aspecto sagrado de sua existência. Hoje, meus filhos têm 10 e 8 anos, e tenho a certeza de que quebrei essa promessa muitas vezes; ninguém está imune a dias ruins ou ao estresse, a vida vai seguindo e há dias em que nos esquecemos da nossa própria magnificência e, mais ainda, da magnificência do outro.

Tanto quanto possível, procure enxergar seus filhos com um novo olhar, celebre as almas perfeitas que eles são. Reconheça a centelha divina em cada um, testemunhe o milagre de seu nascimento todas as vezes que os avistar. Também da próxima vez em que estiver diante de seu amor, embriague-se dele. Passe alguns minutos olhando-o nos olhos. O que disse o poeta? Os olhos são as janelas da alma. Que histórias a alma esconde? Que tesouros enterrados ainda não foram descobertos? Quem é essa pessoa? Antes de fazer amor, enxergue seu amado! Vislumbre a beleza e a profusão, acolha a magnificência.

ALGUNS EXERCÍCIOS ÚTEIS

1. Agora que você já leu este capítulo, reflita sobre a Autenticidade. Pegue seu diário e anote suas reflexões. Se tiver idéias sobre medidas a serem tomadas, ótimo! Anote-as imediatamente e cole-as em algum lugar visível. Depois, fale com alguém a respeito delas. Quando declaramos o que nos propomos a fazer, temos maiores chances de manter nossas promessas.
2. "Descasque a cebola": peça a uma pessoa que lhe faça algumas perguntas, repetidas vezes, enquanto você vai se aprofundando cada vez mais na reflexão. Após cada pergunta, uma pausa deverá ser feita e, logo após, ela deverá ser repetida. Cada repetição será um convite para chegar mais perto de seu Eu verdadeiro. Refletir e aprofundar-se demanda tempo, por isso não se apresse. Por exemplo, sua resposta a "Quem é você?" pode ser uma mulher, um homem, um administrador, uma tia, uma esposa, um amante, uma professora de piano, um estudante, etc. Essa é a camada mais externa da cebola, mas, à medida que você vai cada vez mais fundo, descobre que diferentes qualidades começam a emergir. Quem é você? "Uma pessoa triste". Quem é você? "Um solitário". Quem é você? "Alguém entusiasmado pela vida". Quem é você? "Alguém que teme por sua saúde". Quem é você? "Alguém que anseia por proximidade".

>

Aqui estão algumas perguntas úteis para "descascar a cebola".

- Quem é você?
- Por que você está aqui?
- O que você deseja?
- Quem você finge ser?
- O que o deixa zangado?
- O que o deixa triste?
- De que você tem medo?

3. Anote, desenhe ou encontre símbolos para representar algumas das máscaras que você sabe que usa. Reflita sobre os motivos que o levam a usá-las. Depois, pergunte a si mesmo: "O que eu perderia se me livrasse delas? Elas me protegem? Como roubam minha Autenticidade?" Finalmente, pergunte-se: "Quais delas estou preparado para abandonar?" Então, faça uma cerimônia fúnebre e enterre-as, cave um buraco no quintal de sua casa e diga adeus. Pode levar semanas ou meses para que você se livre de uma máscara e pode ser que não esteja pronto para livrar-se de algumas delas. Faça o que for possível e valorize cada progresso.

2

VERDADE

VIVA SUA VERDADE

A verdade é sempre simples, mas vivê-la nem sempre é fácil.
Rev. ALFRED MILLER

Antes de dar o passo, precisamos ser honestos quanto ao que realmente queremos e aonde desejamos que nossa jornada nos leve. Com freqüência, o motivo pelo qual as pessoas não conseguem agir é a incerteza: elas não são capazes de atravessar a ponte, perderam a bússola. Mas a verdade vai iluminar a jornada, e o fato de vivê-la vai nos fazer estimular a própria ação e dar o passo.

Uma de minhas clientes, uma mulher casada, veio me procurar porque estava perdida de amor por outro homem. Mary tinha trinta e poucos anos, dois filhos e um marido honesto e amoroso. Ela me explicou que não estava à procura de outro relacionamento, mas aquele amor havia tomado de surpresa seu coração e não a deixava mais em paz. O caso extraconjugal vinha acontecendo há cerca de seis meses e agora ela estava decidida a terminar tudo; entretanto, estava desesperada com a perspectiva de nunca mais voltar a ver seu amor. Aconselhei Mary a escrever uma carta para ele. Mesmo que não a entregasse, o ato de escrever, pelo menos, poderia ajudá-la a ter certeza se deveria ou não voltar a vê-lo. Na semana seguinte, ela me trouxe a carta.

Querido amor da minha vida,

Não sei por que seus olhos angelicais infiltraram-se em mim com tanta profundidade no último mês de abril. Eu era relativamente feliz em meu pequeno mundo quando senti, pela primeira vez, o fogo de seu penetrante olhar. "Por que eu?", pensei. "Por que ele está olhando para mim?" Lembro-me de como achei estranho e embaraçoso dizer-lhe meu nome; eu, uma mulher feliz no casamento.

Naquele instante, soube que seria o princípio do fim, que estávamos destinados um para o outro. A atração que sentimos foi instantânea, como se cumpríssemos um curioso destino cósmico. Sei que nós dois somos casados, mas na essência não pertencemos a ninguém, exceto, talvez, ao Infinito Universo de onde viemos. Somos quem somos e estamos nesta Terra por pouco tempo. Nossas histórias desabrocharam com tanta naturalidade, leveza, tranqüilidade, como folhas que caem, uma por uma, ao vento do outono. Parece que o conheço desde o dia em que nasci; foi o destino que nos aproximou para que pudéssemos juntar nossos passados e criar nossos momentos presentes um ao lado do outro.

As pessoas entram e saem de nossas vidas, e o coração sabe a quem deve oferecer confiança e amor. Mas, algumas vezes, ele tem sentimentos que as leis da sociedade condenam. Por que nosso amor é errado? Porque somos casados, porque é considerado uma "traição". Mas eu amo vocês dois! Você e meu marido, só que de maneiras diferentes. Por que é tão difícil as pessoas entenderem? Por que posso amar mais de uma amiga, mais de um filho, mas somente um homem?

Sempre admirei os mergulhões, pois elegem um parceiro e ficam com ele a vida toda; entretanto, mesmo sabendo que me casei com meu marido para sempre, não posso imaginar um mundo no qual eu não possa amar você também. Ouvi dizer que, embora se unam para sempre, os mergulhões passam o inverno separados; se os seres humanos adotassem essa prática, talvez conseguissem manter acesa a chama da paixão.

Uma vez você me disse: "Estamos num trem que não vai a lugar nenhum." Acho que é hora de desembarcar desse trem; não quero mais mentir. Nossas famílias precisam de nós, não podemos abandoná-las e não posso continuar a me encontrar com você, iludindo meu marido. A culpa está me consumindo, é uma loucura, não consigo mais lidar com essa situação.

Quero que saiba que você trouxe uma alegria infinita à minha vida e por isso eu lhe sou eternamente grata. Eu não estava buscando algo assim; você encontrou a chave do meu coração e acomodou-se lá dentro antes que eu tivesse a chance de perceber o que estava acontecendo.

Vou guardar sua lembrança trancada em meu peito, como um delicado segredo, seus lindos olhos gravados em minha alma, seu sorriso entalhado em minha mente, suas palavras impressas em meu coração. Minha vida está, hoje e sempre, enriquecida porque você fez parte dela. Procure por mim em sua próxima vida; estarei lá, esperando. Meu amor por você é eterno.

As lágrimas de Mary quase a impediam de falar. Mas era importante para ela ler aquelas palavras em voz alta para ter a certeza de que ainda expressavam a verdade.

"Tem certeza de que é isso mesmo o que deseja fazer?", perguntei a ela. "Tem certeza de que essa é a sua verdade?"

"Não, essa é a verdade da sociedade, não a minha", respondeu Mary em meio a lágrimas de dor e raiva.

"O que está querendo dizer?"

"A ética e a moral não aprovam minha atitude."

"E você? Aprova sua atitude?"

"Aprovo... não... quer dizer, por que Deus o mandou para mim se era algo tão errado e ruim?"

"Boa pergunta. Por que Deus o mandou para você?", indaguei.

"Para me ajudar a me apaixonar outra vez por mim mesma e pela vida. Para trazer alegria à minha existência. Para me fazer perceber que a vida é preciosa e que devo valorizar cada minuto dela."

Nesse instante, Mary caiu em prantos novamente. "Por que, Grace? Por que não posso amar os dois? Por que preciso fazer uma escolha?"

"Por que você sente que precisa fazer uma escolha?"

"Porque não posso fazer uma omelete sem quebrar os ovos, eu acho. Não sei bem por quê."

"E o que a impede de viver a sua verdade?", perguntei.

"A culpa. Sinto que estou traindo meu marido", disse Mary.

"Você o está traindo?"

"Tecnicamente, de acordo com os dez mandamentos, estou. Mas, de certa maneira, não. Em meu coração, sinto que sou uma esposa melhor, uma versão melhor de mim mesma. Mas, se meu marido descobrir, nunca vai me perdoar. Ele ficaria arrasado. Provavelmente acabaríamos nos separando."

AUTOTRAIÇÃO

Acima de tudo, seja verdadeiro consigo mesmo.
WILLIAM SHAKESPEARE

Haverá dias em sua vida em que você vai se ver diante de dois caminhos. Se escolher um deles, trairá a si mesmo; se escolher o outro, trairá outro alguém. Qualquer que seja sua escolha, haverá sofrimento. Muitas pessoas evitam assumir a própria verdade porque desejam evitar a dor. Quando se vêem obrigadas a fazer escolhas, optam pelo caminho no qual encontram menor resistência, acreditando, ingenuamente, que a autotraição é o caminho no qual existe menos dor! Se Mary trair o marido, viverá sob constante culpa e ansiedade, e ele ainda pode acabar descobrindo; essas serão as conseqüências. Mas, se ela trair a si mesma, quais serão as conseqüências? O que acontece às pessoas que traem a própria alma? Elas sentem uma dor insuportável. Essa dor pode levar ao ressentimento? À amargura? À doença? Tive clientes em situações similares que acabaram ressentidos com seus cônjuges, o que gerou brigas pelos motivos mais insignificantes e, finalmente, a separação. Aquilo que estavam tentando impedir acabou acontecendo.

> Muitas pessoas evitam assumir a própria verdade porque desejam evitar a dor.

Nós somos treinados para manter as promessas e acordos que fizemos com os outros, mas não os que assumimos conosco. Mas e a alma? A alma sabe. Como podemos desenvolver o auto-respeito se traímos nossa própria verdade? Como podemos ter integridade se traímos o que é certo para nós? Entretanto, fazemos isso todos os dias. Reagimos com estardalhaço quando os outros nos traem, mas não movemos um músculo da face quando traímos a nós mesmos. Quantas vezes traímos nossa alma porque achamos que ninguém está vendo!

As pessoas que se colocam na vida como mártires, aquelas que dizem "o que eu quero não importa, sua vontade é o mais importante", costumam ser amadas e até mesmo louvadas, ao contrário daqueles corações valentes que conseguem ser verdadeiros consigo mesmos. Quando sacrificamos nossa verdade pelo bem do outro, quando engolimos nossos sentimentos e "fazemos a coisa certa", somos considerados heróis. Como o casamento é um grande e poderoso compromisso, rupturas são sempre associadas a culpa e vergonha, mesmo que a união tenha se tornado insuportável. Quando minha tia deixou o marido, há quase trinta anos, foi completamente rejeitada pela comunidade em que vivia; até minha mãe, o ser humano mais piedoso que conheço, foi cruel em seu julgamento por ela ter abandonado a família. Ser verdadeiro consigo mesmo não é, nem nunca foi, uma tarefa fácil, mas precisamos enfrentar esse desafio se quisermos ser autênticos.

Tentei encorajar Mary a ouvir sua própria verdade, a explorar outras possibilidades, talvez até discutir a infidelidade com o marido, mas ela estava certa de que ele jamais entenderia. Além disso, Mary acreditava que seu destino era igual ao de Francesca, a personagem de **As pontes de Madison**. Essa heroína não partiu com seu grande amor porque não poderia virar as costas para um "bom homem" e os dois filhos, ela preferiu sacrificar a própria felicidade para não destruir a felicidade da família.

Quase seis meses depois, Mary começou a sentir muitas dores no abdome. Ela ficou desolada quando descobriu que tinha um tumor maligno no útero. Após ser submetida a uma cirurgia, passou um bom tempo refletindo sobre o que havia causado a doença. Quando conversamos sobre isso, Mary me disse que havia chegado a uma conclusão sobre o tumor: "Foi um castigo", disse ela. "Não por eu ter cometido adultério, mas por ter dito adeus a ele antes que meu coração estivesse pronto. Grace, eu traí meu coração." Depois de terminar o caso extraconjugal, Mary sentiu uma enorme angústia. Estava emocionalmente desestabilizada, sofrendo pela grande perda. Como o marido não sabia de nada, ela foi obrigada a fingir que tudo estava bem. Mary me disse que, às vezes, a dor era tão profunda que seu único desejo era enfiar-se num buraco e morrer.

Nós somos criaturas holísticas. Quando traímos nossa verdade, podemos abrir as portas para as doenças. Psiconeuroimunologistas descobriram uma ligação entre as doenças e aquilo que pensamos e sentimos. Norman Shealy, fundador da American Holistic Medical Association, escreveu que 75% de seus pacientes declararam que desejavam morrer entre seis e vinte e quatro meses antes de serem diagnosticados com câncer. Quando falei a Mary sobre isso, ela ficou chocada: "Você acha que vou morrer?", ela indagou. "Não sei, Mary. Você quer morrer?" "Agora não quero mais. Mas no ano passado, quando a dor era insuportável, eu só queria sumir." O caminho tem sido longo para Mary, porém ela está decidida a viver a vida por inteiro. Ela acabou contando a verdade ao marido e, juntos, eles começaram a resgatar o casamento. Mary não se arrepende do que aconteceu e decidiu que jamais voltará a trair o próprio coração.

Trair a nós mesmos pode parecer a coisa certa no momento, mas, a longo prazo, ninguém sai vencedor. Nos últimos anos, muitos de meus clientes e amigos viram-se em situações semelhantes. Ninguém sabe por que o milagre do Amor chega até nós, mas todos os dias, em cidades do mundo todo, as pessoas se apaixonam. E elas precisam decidir: "Devo trair a mim mesma ou a promessa que fiz aos outros? Devo partir meu coração ou o deles?" Acho que é uma das escolhas mais difíceis da vida. Contudo, aprendi que são essas escolhas que desenvolvem a alma, principalmente quando não nos esquivamos e somos capazes de enfrentá-las e assumir os altos e baixos, sejam quais forem as conseqüências.

Segundo as estatísticas, casos extraconjugais aproximam um casal somente em 40% das vezes; quando existe verdade e entendimento entre duas pessoas, um caso extraconjugal pode ser a oportunidade de enfrentar aquilo que precisa ser resgatado no casamento, a chance de reacender a paixão e o comprometimento. O que eu sugiro é que você não fuja das experiências que sua alma atrai para sua vida, não importa o quanto sejam complicadas. A vida é complicada. Por favor, não sacrifique sua verdade para evitar complicações. Quando foi a última vez que você traiu a si mesmo? Foi há muitos anos ou recentemente? Para ter consciência da autotraição, é preciso estar atento aos próprios sentimentos. Algumas pessoas se traem

Não fuja das experiências que sua alma atrai para sua vida, não importa o quanto sejam complicadas.

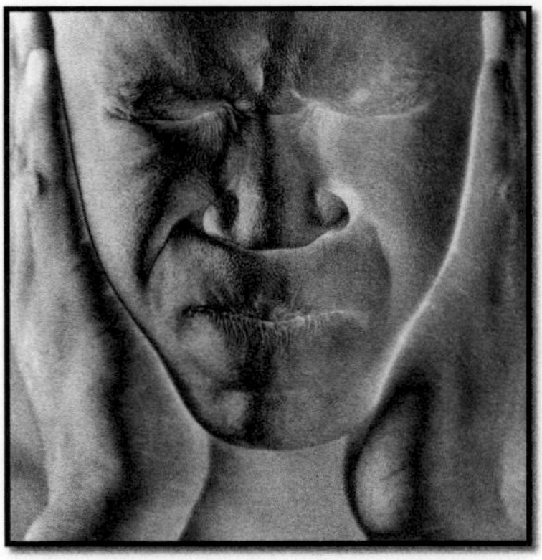

todos os dias em aspectos da vida que são minúsculos e insignificantes. Para outras, a autotraição tornou-se um hábito ou até mesmo um problema crônico. Cometa um ato de ousadia hoje, faça o que você deseja para variar! Siga seus sentimentos, pare de negar alegria a si mesmo! Pergunte-se quando e com quem você reprime sua verdade. Por que você reprime sua verdade? Por que esconde seu Eu verdadeiro? Quando você deseja virar à esquerda e seu parceiro, ou parceira, deseja virar à direita, quantas vezes você cede? Por que você cede?

Um de meus clientes, um homem de quarenta e poucos anos, aceitou um emprego somente para conseguir pagar as contas do mês; ele estava desempregado desde que a empresa em que trabalhava viu-se obrigada a cortar as despesas. Quando um amigo sugeriu seu nome ao chefe, elogiando seu trabalho, ele sentiu que seria errado recusar. Para demonstrar lealdade e agradecimento ao amigo, ele traiu a si mesmo; meu cliente perdeu todo e qualquer entusiasmo pela vida e foi obrigado a tomar antidepressivos. Quando ele foi responsável pela perda de um enorme contrato na empresa, seu relacionamento com o amigo ficou abalado, e meu cliente percebeu que aquele não era o tipo de trabalho que lhe dava prazer e que havia ignorado o que seu coração lhe dizia. Que sintomas você já experimentou por não ter seguido o seu guia interior?

Nós tendemos a menosprezar nossa história pessoal, trocamos nossa verdade pela verdade do outro. Por que agimos assim? Por que abrimos mão daquilo em que acreditamos? Carregamos dentro de nós a verdade de nossos antepassados, a verdade de nossas convicções, a verdade de nossas almas. Entretanto, todos os dias, nós nos recusamos a ouvir tudo isso e assumimos visões que estão a milhares de quilômetros de nossa verdade interior. Sei que, para algumas pessoas, a voz do medo fala muito alto, ela as impede de dar o passo e atravessar a ponte, ela é o motivo de sua autotraição. Como podemos vencer o medo? Pergunte a si mesmo: "Do que tenho medo? O que vou perder?" Não deixe que o medo dirija sua vida! Você precisa estar disposto a enfrentar os próprios medos se quiser começar a viver com autenticidade, viver a vida que sua alma deseja. Independentemente de como os outros possam julgá-lo, lembre que estamos falando de sua vida. Se não o fizer agora, quando o fará?

O poeta David Whyte nos lembra que a alma prefere fracassar em sua própria vida a ser bem-sucedida na vida de outra pessoa. Lembre-se: nada que seja sagrado pode ter sido alcançado através da negação. Talvez você esteja disposto a caminhar sobre o fogo e ver aonde sua alma deseja levá-lo. Você precisa livrar-se da vergonha? Não se esconda. Não há constrangimento em ser verdadeiro com sua própria alma; não há vergonha em dizer a verdade para si mesmo. Haverá um dia, se é que você já não passou por isso, em que você vai se ver diante de uma encruzilhada: vire à esquerda e estará traindo alguém, vire à direita e estará traindo a si próprio. Diga-me, que caminho vai escolher?

DIGA A VERDADE

Nenhuma verdade é mais importante que um coração verdadeiro. Esqueça as artimanhas, sem verdade não há alegria.
KABIR

Eu sei que, para muitos, a verdade é um enorme risco. Muitas pessoas não dizem a verdade porque temem as conseqüências. Algumas vezes, acho que não damos o devido crédito aos outros, simplesmente acreditamos que eles não são capazes de lidar com a verdade. Falar a verdade é difícil porque exige que tenhamos fé em nós mesmos, no outro e na força da relação que nos une, e os relacionamentos tornam-se mais profundos quando comunicamos nossos sentimentos.

Você já se arriscou a dizer a alguém como realmente se sente para, mais tarde, descobrir que foi riscado de sua lista de amizades? Algumas vezes, a verdade dá um contragolpe. Depende de como você age, se é levado pela vingança e hostilidade ou pelo amor e compreensão. Na maioria das vezes, porém, se o relacionamento vale a pena ser mantido, a verdade dita com bondade pode estreitar os laços. A verdade nos ajuda a cicatrizar antigas feridas, sem ela não existe confiança e sem confiança não existe uma base sólida para um relacionamento.

Um amigo, a quem chamarei de Joe, é um policial que trabalha disfarçado para o departamento antidrogas de uma grande metrópole norte-americana. Um dos motivos que tornam sua atividade estressante é o fato de ver-se obrigado a mentir todo o tempo. Para conquistar a confiança de um traficante, Joe precisa mentir sobre quem é e o que deseja. No fim de cada dia, ele faz cuidadosas anotações de todas as mentiras que contou e para quem as contou; ele as estuda e continua a mentir no dia seguinte, até obter as informações necessárias para conseguir uma acusação. Joe tem quarenta e poucos anos, mas parece dez anos mais velho. Seu trabalho é estressante, mas acho que o peso das mentiras diárias e constantes é o que o deixa com uma aparência tão desgastada.

> Falar a verdade é difícil porque exige que tenhamos fé em nós mesmos, no outro e na força da relação que nos une.

PRATIQUE A INTEGRIDADE: VIVA DE ACORDO COM O QUE PREGA

Atualmente, milhões de pessoas experimentam a agonia da fome num submisso desamparo. Como posso falar para essas pessoas ou identificar-me com elas sem assumir esse jejum, sem conhecer por experiência própria a agonia da fome?
MAHATMA GANDHI

Uma mulher que desejava que o filho parasse de ingerir açúcar visitou o extraordinário Mahatma Gandhi na vila em que morava. "Volte daqui a duas semanas", disse-lhe o mestre. Quando voltou, Gandhi disse ao menino: "Meu filho, não coma açúcar. É ruim para sua saúde." Surpresa, a mulher indagou: "Por que não deu esse conselho ao meu filho duas semanas atrás?" Gandhi sorriu e respondeu: "Duas semanas atrás, eu estava ingerindo açúcar."

Integridade é não dizer uma coisa e fazer outra. Integridade exige que suas atitudes exteriores estejam de acordo com seus valores internos. Imagine duas colunas: uma delas representa tudo o que é sagrado para você, tudo o que você valoriza, sua ética e seus princípios; a segunda coluna representa como você pensa e se comporta todos os dias. Se as duas colunas forem iguais, se tiverem a mesma altura e largura, sua vida refletirá integridade; se forem diferentes, estará faltando integridade em sua vida.

Para praticar a integridade, seus valores devem estar em harmonia com suas atitudes. Quanto mais integridade você tiver, maior será seu auto-respeito, quanto maior o auto-respeito, maior será seu cuidado ao agir. Você terá integridade quando mantiver suas promessas, inclusive as que fizer a si mesmo; você terá integridade quando viver segundo sua própria visão da verdade e não de acordo com os desejos dos outros. Você terá integridade quando seus princípios forem modelados por seu conhecimento interior e não pelas circunstâncias externas, quando for capaz de se manter fiel a seus princípios e valores, mesmo se for mais fácil abrir mão da ética. Você diz a si mesmo que ninguém jamais saberá, mas seu parceiro silencioso tudo sabe e tudo ouve. Esse parceiro silencioso é sua alma.

Sem integridade, não podemos nos sentir bem, a integridade permite que aprovemos a nós mesmos. Essa aprovação é a base sobre a qual o amor-próprio e a auto-aceitação são construídos. Todos os dias, nós nos vemos diante de oportunidades, circunstâncias e situações nas quais precisamos escolher entre sacrificar nossa integridade ou obedecer àquela bússola interna que aponta o caminho certo para nossa vida. A sociedade abre o caminho para nos trairmos e perdermos a integridade. Mantemos a dieta na frente dos outros, mas quando estamos sozinhos... quem vai ficar sabendo? Não gritamos com as crianças dentro do supermercado, mas, assim que entramos no carro, deixamos a raiva vir à tona. Você pode se perguntar: "Eu não tenho o direito de fazer isso?" Tem, mas essa atitude é a correta? Como você se sente depois?

Não gritamos com as crianças dentro do supermercado, mas, assim que entramos no carro, deixamos a raiva vir à tona.

Agir com integridade é fácil quando os outros estão olhando, porém, quando estamos sozinhos, sem público, agir com integridade torna-se mais difícil. Não vamos confessar que sonegamos impostos ou que enganamos a empresa na qual trabalhamos, mas somos obrigados a viver com isso a cada minuto de nossas vidas. Você pode achar que isso não nos afeta em nada;

conscientemente, afastamos de nós essa culpa, mas o subconsciente sabe. Nosso Espírito, aquela parte de nós que é divina, sabe: quando perdemos nossa integridade, corroemos nossa alma. Se você afirma que adota certos princípios éticos, porém não os pratica, não vive de acordo com o que prega. E, se não vive se acordo com o que prega, você não tem integridade. Tenho duas grandes amigas que fumam. As filhas delas também fumam. Elas gostariam que as meninas parassem, pois temem por sua saúde. "Mas como podemos mandá-las parar se nós não estamos prontas para fazer o mesmo?", perguntaram. Minhas amigas podem não ter força de vontade, mas são sábias, não são hipócritas. Acredito que todos nós admiramos as pessoas que praticam o que pregam e as que não pregam aquilo que não conseguem praticar.

Acho que muitas pessoas se manteriam fiéis aos próprios princípios se, pelo menos, soubessem quais são eles. É por isso que o autoconhecimento é essencial. Precisamos conhecer nosso Eu verdadeiro e o que é importante para nós antes de praticarmos a integridade, precisamos estar prontos para tirar as máscaras. As pessoas que agem segundo o que pregam, aquelas cujo caráter é sólido, sempre foram admiradas pela sociedade. Elas podem andar de cabeça erguida, nós acreditamos nelas, nós as admiramos. Algumas vezes, nós as colocamos num pedestal.

Outra forma de construir integridade é dizer o que pensamos quando sabemos que é a coisa certa a se fazer; apesar disso, não o fazemos por uma série de razões, e o medo é a maior delas. Todos os dias, por todo o mundo, as pessoas se calam quando sabem, no fundo de seus corações, que deveriam dizer o que pensam sem rodeios. Quando foi a última vez que você perdeu o respeito por si mesmo porque não disse o que pensava?

Precisamos reconhecer e respeitar o que diz nossa voz interior. Quando nos recusamos a usar máscaras para os outros, quando não nos calamos e falamos nossa verdade, quando ouvimos nosso coração, quando nossas atitudes estão em harmonia com os nossos valores, demonstramos nossa integridade; as duas colunas estão em equilíbrio. A integridade alimenta o auto-respeito; quanto maior o auto-respeito, mais atitudes tomamos na vida.

UM EXERCÍCIO ÚTIL

Quando foi a última vez que você traiu sua alma? O que o tem consumido ultimamente? Que conversas você teve que o fizeram sentir-se desconfortável e aflito? Preste atenção nesses sentimentos. Você pode ter comprometido sua ética, e esses sentimentos são o produto residual.

Divida uma página de caderno em duas partes. Num lado, anote tudo o que for sagrado para você, tudo aquilo em que acredita, o que considera importante, seus princípios e leis morais. No outro lado da página, anote uma atitude ou comportamento de sua vida que corrobore cada um desses valores; ao fazer isso, você vai começar a conhecer sua própria integridade e será capaz de identificar aquelas vezes em que não foi completamente verdadeiro consigo. Quando estiver na dúvida, pergunte-se: "Eu aprovo isso? Sinto-me bem comigo mesmo? Eu me respeito? O que minha alma diria se pudesse falar diretamente comigo? O que a pessoa que mais admiro neste mundo diria? O que Deus diria?"

3

DESTINO

QUAL É SEU DESTINO?

Há um pavio dentro de você esperando para tornar-se a luz de sua alma. Quando essa chama interior brilhar com força, você vai sentir o maravilhoso despertar da vida.
BRADFORD KEENEY

Há alguns anos, os membros da Igreja Comunitária de Willow Creek, localizada perto de Chicago, realizaram uma pesquisa nos Estados Unidos. Eles queriam saber o seguinte: se as pessoas pudessem fazer só uma pergunta a Deus, a qual seria respondida, que pergunta seria essa? No topo da lista estava: "Por que existe o sofrimento?" Muitos de nós desejam uma resposta para essa questão. Entretanto, a segunda preocupação demonstrada pelas pessoas era sobre o destino. Três perguntas empataram no segundo lugar:

1. Qual é o propósito ou o significado da vida?
2. O que vai acontecer em meu futuro?
3. O que vai acontecer quando eu morrer?

Os que fizeram a primeira pergunta queriam saber: "Qual é meu destino na vida?" Os que fizeram a segunda procuravam saber: "Qual é meu destino neste mundo?" Os que fizeram a terceira estavam perguntando: "Qual é meu destino na eternidade?" Todas essas perguntas relacionam-se ao destino. Os seres humanos estão numa eterna busca espiritual, anseiam por clareza sobre quem são e para onde estão caminhando. Desejam conhecer seu destino e o objetivo da própria vida. Então, vejamos: o que é destino? Essa palavra origina-se do latim e significa "fixo" ou "determinado". É uma questão de direção: para onde estou levando minha vida? O que devo fazer com ela? Essa palavra também transmite uma idéia de sina ou desígnio; algumas pessoas relacionam seu destino aos planos que Deus fez para elas.

Seu destino contém sua "missão" e sua percepção da vida; se você compreender seu destino, saberá o que o espera do outro lado da ponte, e isso vai motivá-lo a agir. Estou convencida de que as pessoas não dão o passo inicial porque estão desconectadas do próprio destino, não têm uma visão global e sentem que não têm forças, que não são nem um pouco especiais. A vida de cada ser humano tem um propósito e um significado, e cabe a cada um de nós identificá-los.

Tempos atrás, eu estava realizando um seminário para um grupo de funcionários públicos e falávamos sobre destino. De repente, uma mulher da platéia gritou: "Agora eu entendi!" O restante do grupo achou graça, mas ficou intrigado, por isso convidei a mulher a dividir conosco aquele momento de descoberta.

"Acabei de perceber por que fico tão estressada", disse ela. "É porque sou uma pessoa sem *porquê*."

"Sem porquê?", indaguei.

"Isso mesmo, eu não tenho porquê, não tenho destino, propósito ou significado." Quando ela terminou sua explicação, um silêncio tomou conta do grupo: ela havia "tocado na ferida", havia citado uma fonte de tormento para muitos. É extremamente estressante não ter um destino. Imagine entrar no carro sem saber para onde está indo, imagine entrar num avião sem saber para onde ele se dirige. É uma situação de insensatez. Como saber o que colocar na mala, como

planejar a viagem? Entretanto, é assim que muitas pessoas levam a vida. Imagine-se perdido num rio de forte correnteza (usando um colete salva-vidas, é claro). O rio representa a mudança, o fluxo das águas carrega você, arremessa-o contra as rochas, fazendo-o passar por árvores caídas e enormes pedras. Você se sente impotente; de vez em quando, chega a um lugar que desperta seu interesse. A vontade é pedir ao rio que pare, que o liberte para que possa explorar um pouco aquele lugar e descobrir as dádivas que possam estar guardadas ali. Mas o rio não ouve, tem planos próprios, e você, afinal de contas, só está se deixando levar pela correnteza.

Tantas pessoas acreditam na glória da pós-vida, no entanto não possuem uma visão clara do que desejam nesta vida. Passamos mais tempo fazendo planos para uma semana de férias do que para nossa existência. É ótimo que possamos, na maior parte do tempo, viver um dia de cada vez, mas é triste que tantas pessoas não tenham a mínima idéia de quem são ou do que seja seu destino. Nós somos um barco à deriva, não estamos conectados àquilo que nos faz verdadeiramente grandes e únicos, não determinamos objetivos. Permitimos que nossos sonhos morram. Seu porquê ou sua missão, visão, vocação, tendência, alegria, significado, destino não advêm da leitura de um livro ou da participação num seminário.

Passamos mais tempo fazendo planos para uma semana de férias do que para nossa existência.

Não existe destino de segunda mão; você precisa construí-lo desde o princípio, plantar o trigo para fazer o pão. Ele vem do poço de entusiasmo e desejo que existe lá no fundo, em seu interior. Alcançar a verdadeira Essência, o âmago mais precioso, demanda tempo e trabalho. A jornada para encontrar seu destino é a jornada para encontrar o Eu. Para atravessar a ponte, é preciso tornar-se um guerreiro espiritual, e os guerreiros espirituais desejam conectar-se a algo maior que eles mesmos. Eles anseiam por significado e clareza, desejam compreender seu propósito na vida, por que estão aqui.

Por que você está aqui? Qual é o significado de sua vida? O que é importante para você?

SEUS VALORES: O QUE VOCÊ NÃO SACRIFICARIA?

Freqüentemente, as pessoas tentam viver a vida de trás para a frente: elas procuram obter mais coisas ou mais dinheiro para poderem fazer mais daquilo que gostam e sentirem-se mais felizes. Mas o processo funciona ao contrário: primeiro você precisa ser quem realmente é para, então, fazer o que precisa ser feito a fim de obter aquilo que deseja.
MARGARET YOUNG

Nelson Mandela recusou-se a sacrificar a liberdade e trabalhou com afinco para pôr fim à injustiça racial na África do Sul. Esse vôo terminou na prisão, onde Mandela passou vinte e sete anos. Ele sofreu um implacável isolamento e enfrentou trabalhos forçados, mas não se rendeu; após sua libertação e reconciliação com o então presidente F. W. de Klerk, foi realizada uma eleição democrática. Durante quatro históricos dias, em 1994, milhões de negros por toda a África do Sul exerceram o direito ao voto, um direito que experimentavam pela primeira vez e pelo qual Mandela arriscara a própria vida.

Liberdade. É isso o que nos vem à cabeça quando ouvimos o nome de Nelson Mandela. O que você jamais sacrificaria? Em outras palavras, o que é sagrado para você? O que mais lhe importa? Que valores lhe são mais caros? Que prioridades guiam sua vida?

Seus valores formam a bússola que guia sua vida. Eu amo esse símbolo, pois hoje em dia todos nós precisamos muito de uma bússola. Não estamos em harmonia com o que é mais importante para nós, não vivemos de acordo com o que pregamos.

Afirmamos que a família é importante, mas, dia após dia, nós a colocamos em compasso de espera e damos prioridade ao trabalho. Procuramos desculpas, transigimos. Afirmamos que uma boa saúde e exercícios físicos são importantes, mas todos os dias nos enchemos de sanduíches gordurosos e frituras, diante da televisão. Afirmamos que estamos comprometidos com nossa fé, nossa jornada espiritual, mas ainda não aprendemos a perscrutar nosso interior e ouvir a voz de Deus. Afirmamos que queremos continuar a aprender e a nos manter atualizados, mas nunca temos tempo. Procuramos o equilíbrio, mas titubeamos. E, assim, sacrificamos nossos ideais e nossos valores.

A IMPORTÂNCIA DA BÚSSOLA

Imagine que viver seja como fazer malabarismo, mantendo no ar cinco bolas... trabalho, família, saúde, amigos e espírito. O trabalho é uma bola de borracha: se deixá-la cair, ela bate no chão e volta. Mas as outras quatro são feitas de vidro: se deixar que caiam, nunca mais serão as mesmas.
BRIAN DYSON

Conhecer sua bússola e harmonizar com ela suas escolhas e atitudes são ingredientes essenciais para uma vida feliz e completa. A incoerência é a razão de grande parte de nossas frustrações e estresse, a incoerência entre o que pensamos, sentimos ou dizemos ser importante e a maneira como empregamos nosso tempo. Por exemplo, quando pergunto às pessoas: "O que é mais importante para você?", grande parte delas cita a família como sua maior prioridade; entretanto, quando analisam a maneira como utilizam o tempo, elas observam que a família ficou com a menor parte dele. Nossos valores não estão de acordo com nossas ações. Talvez você precise de um exercício de determinação de valores, talvez precise aprender a dizer não às coisas sem importância. Deixe que sua bússola seja seu guia.

Comecei a falar sobre a importância da bússola após ler as idéias de Stephen Covey. Ninguém conseguiu demonstrar com tanta clareza como temos levado uma vida sem coerência. Não são apenas os indivíduos que ignoram a bússola interna, empresas, governos e organizações também o fazem. Hoje em dia, a liderança é vista como a capacidade de oferecer visões, ordens, propostas e metas claras a uma equipe de trabalho, em resumo, uma bússola. Equilibrar esforços utilizando uma bússola produz resultados: todos falam a mesma língua e a comunicação flui. O objetivo é alcançado. A bússola também é importante no gerenciamento pessoal do tempo; para muitos de nós, gerir o tempo é uma tarefa quase inalcançável. Conseguimos fazer tudo, menos organizar nossos horários e lidar com a lista crescente de tarefas a cumprir.

Depois que Stephen Covey publicou **Os 7 hábitos das pessoas altamente eficazes**, sua empresa fez uma pesquisa para descobrir qual dentre os sete hábitos era o mais difícil para os indivíduos em geral. A conclusão da pesquisa apontou para o Hábito 3: "Coloque o mais importante em primeiro lugar", ou seja, gerenciamento de tempo. Acredito que o motivo que leva as pessoas a não serem capazes de colocar o mais importante em primeiro lugar é o fato de não saberem ao certo o que é "mais importante". Essa idéia foi reforçada nos inúmeros seminários e grupos de trabalho que realizei. Quando olhamos para o relógio, sabemos que é hora de começar a andar, mas para onde devemos ir? A bússola nos dirá. Quando não temos uma bússola, fazemos o que a maioria das pessoas faz: anda em círculos, perde o foco, posterga ou perde tempo com o que não é importante. Ignoramos as prioridades de nossas vidas porque elas não estão definidas com clareza ou perdemos a motivação para nos manter fiéis a elas. A bússola nos diz quais são essas prioridades.

> Quando não temos uma bússola, andamos em círculos e perdemos tempo com o que não é importante.

Descobri que, quando se trata da vida particular, muitas pessoas precisam recuperar a bússola interior; sabemos o que foi importante um dia, mas o rio da vida correu e nos carregou para outros pontos, distantes da alegria, daquilo que é importante em nossas vidas. Precisamos fazer a viagem de volta para casa, precisamos reajustar nossas vidas.

COMO AJUSTAR SUA VIDA

Quando fazemos primeiro o que é mais importante, não ficamos à mercê daquilo que tem menos importância.
STEPHEN COVEY

PRIMEIRO PASSO: ESCOLHA SEUS VALORES MAIS PROFUNDOS

Veja a lista de valores a seguir. Reflita sobre eles. Quais são os mais significativos para você? Selecione seus Dez Mais e anote-os. Se houver algum valor que não conste da lista, acrescente-o.

Amor	Lealdade	Significado	Sabedoria	Instrução
Família	Espiritualidade	Dinheiro	Serviço	Amizade
Segurança	Criatividade	Saúde	Carreira	Prazer
Alegria	Honestidade	Ambiente	Altruísmo	Aprendizado
Fé	Beleza	Humildade	Divertimento	Crescimento
Equilíbrio	Liberdade	*Status*	Solidão	Graça

SEGUNDO PASSO: PRIORIZE SEUS VALORES

Agora, coloque seus Dez Mais em ordem de importância. Numere-os de 1 a 10.

TERCEIRO PASSO: DÊ UMA NOTA A SI MESMO

Olhe para seus cinco valores mais importantes. Agora, dê a si mesmo uma nota que expresse o quanto, no mês passado, você viveu de acordo com esses valores. Por exemplo, se você escolheu Família, pergunte a si mesmo: "Meu comportamento refletiu esse valor no mês passado?" Se a resposta for não, como acha que deve agir para viver de acordo com ele? Para algumas pessoas, a quantidade de tempo é importante. Outras valorizam mais a qualidade do prazer, das risadas e da ligação com os membros da família. Seja qual for o significado que viver esse valor tenha para você, reflita sobre o quanto foi capaz de praticá-lo no último mês. Quanto você foi fiel a ele? Escreva o seguinte: "No mês passado, fui capaz de viver esse valor _____ % do tempo." Depois, faça o mesmo com cada um de seus cinco valores mais importantes.

QUARTO PASSO: AVALIE SEUS VALORES

Analise seus cinco valores menos importantes e também aqueles que não entraram em sua lista. Você tem dedicado tempo a eles? Se responder que sim, por quê? Você precisa começar a dizer não? Precisa parar de postergar? Precisa de um toque de despertar? Por exemplo, vamos imaginar que você tenha listado Serviço como número 10, mas observa que, no último mês, passou grande parte do tempo em comitês, reuniões e trabalhos voluntários, à custa dos valores que considera mais importantes. Pergunte a si mesmo: "Por que estou me desviando de meus valores mais importantes?" Acho que esse passo nos leva à introspecção. As pessoas se fazem perguntas que nunca haviam feito. Por exemplo: "De onde eu trouxe esse valor? Ele é realmente meu ou foi herdado de meus pais ou de minha cultura?" O reajustamento acontece quando seus valores estão em harmonia com as convicções de seu Eu verdadeiro.

QUINTO PASSO: IDENTIFIQUE ATITUDES A SEREM TOMADAS

Ao lado de cada valor, identifique algo que possa fazer, uma atitude que o ajude a harmonizar-se com a prioridade que esse valor tem em sua vida. Por exemplo, se Saúde for o número 2, identifique alguma atitude que possa tomar que o aproxime desse valor. Você pode resolver caminhar depois do almoço, dormir mais ou evitar frituras. Quanto mais atitudes conseguir identificar para aproximá-lo desse valor, melhor será.

Existem momentos em que precisamos dizer não para que possamos dedicar mais tempo e energia a nossas prioridades mais importantes. O dia só tem vinte e quatro horas. Sei que para muitas pessoas isso não é suficiente, nossas vidas costumam ser agitadas; mas viver significa fazer escolhas. Quando não vivemos de acordo com nossos valores, vivemos de acordo com os valores dos outros, perdemos a integridade. Quando nossas atitudes são incongruentes com nossos valores, não temos controle de nosso destino. Estamos à deriva; nossas almas ficam poluídas, nossos espíritos esmorecem, nossas vidas perdem a harmonia.

É hora de tomar nas mãos sua bússola e decidir o que é mais importante para você, é hora de criar sua mandala pessoal do destino.

CRIE SUA MANDALA PESSOAL DO DESTINO

Nossas vidas são obras em construção.
SUSAN L. TAYLOR

Então, como descobrimos nosso destino? Como podemos identificar o que nascemos para fazer? As respostas estão dentro de nós mesmos. Quando nos conectamos profundamente com cada direção da bússola, fazemos descobertas sobre nosso destino, objetivo ou missão. Criar uma

mandala do destino é uma oportunidade de autodescoberta e reflexão pessoal.

O Norte representa a dimensão espiritual, a Estrela do Norte guia os viajantes perdidos para que descubram o caminho a seguir. Quando você se sente sobrecarregado com o que a vida lhe traz, precisa conectar-se à sua Fonte, ao seu Criador, e alimentar-se espiritualmente. Você precisa ser lembrado do que é sagrado em sua vida.

O Sul representa as faculdades intelectuais, o vasto poder de sua mente; é a área do conhecimento, da sabedoria e da informação. A vida é uma escola: o que você veio aprender aqui?

Escolhi o Leste para representar o reino das emoções, onde nasce o sol, onde nascem as possibilidades. Nossas possibilidades brotam em nosso íntimo, em nossos corações. Precisamos senti-las, precisamos nos entusiasmar por elas para, então, movermos as montanhas que forem necessárias para alcançá-las.

O Oeste representa o corpo físico, é a fronteira final; é um lugar para os corações que têm coragem, que estão sempre seguindo em frente. É preciso persistência para ir até o Oeste, é preciso coragem para levar o corpo ao limite físico.

Cada ponto cardeal levanta questões que precisam ser respondidas para que a mandala do destino fique completa. Essa mandala deve ser seu guia visual, um mapa que o lembre quem você é e o que é importante em cada aspecto de sua vida. Talvez você precise ir bem fundo e ficar vulnerável para ser capaz de responder algumas questões que possam surgir. É melhor desenhar sua mandala do destino numa folha de papel bem grande e responder as perguntas ali mesmo. Cada direção pode ser desenhada usando uma cor diferente: seja criativo. Suas respostas podem ter uma palavra ou um parágrafo inteiro. Não existem respostas certas ou erradas.

MANDALA DO DESTINO

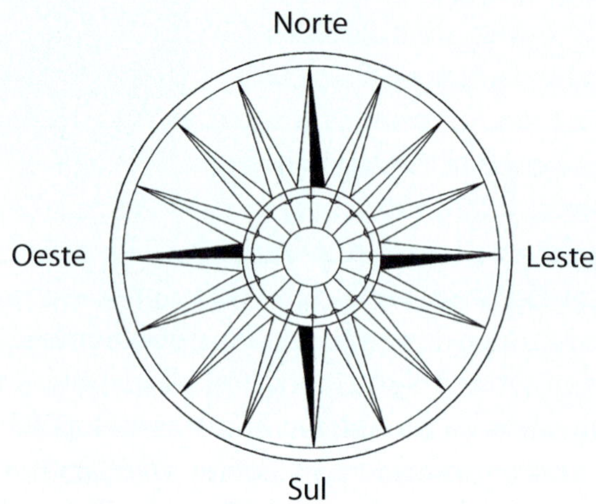

NORTE: BÚSSOLA ESPIRITUAL

1. Quem sou eu?
2. O que é sagrado para mim?
3. O que vim fazer aqui?
4. Como Deus/o Universo/O Criador fala comigo?
5. Como posso fazer do mundo um lugar melhor usando meus dons espirituais?
6. Quais são minhas "lacunas" espirituais?
7. Que símbolo expressa meu verdadeiro Eu espiritual?

SUL: BÚSSOLA INTELECTUAL

1. O que vim aprender aqui?
2. O que vim desaprender?
3. O que/a quem vim ensinar aqui?
4. Quais são meus dons intelectuais?
5. Como posso fazer do mundo um lugar melhor usando meus dons intelectuais?
6. Quais são minhas "lacunas" intelectuais?
7. Que símbolo expressa meus dons intelectuais?

LESTE: BÚSSOLA EMOCIONAL

1. Quem eu vim amar aqui?
2. Quem eu vim perdoar aqui?
3. O que traz alegria a meu coração?
4. O que vim curar aqui?
5. Como posso fazer do mundo um lugar melhor usando meus dons emocionais?
6. Quais são minhas "lacunas" emocionais?
7. Que símbolo expressa meus dons emocionais?

OESTE: BÚSSOLA FÍSICA

1. Que parte do meu corpo precisa curar-se?
2. Que parte do meu corpo precisa de aceitação/cuidados/atenção?
3. Como posso ser mais gentil com meu corpo?
4. Como meu corpo deseja expressar-se?
5. Como posso fazer do mundo um lugar melhor usando meus dons físicos?
6. Quais são minhas "lacunas" físicas?
7. Que símbolo representa meu corpo e meus dons físicos?

EXEMPLOS

Bússola Norte (espiritual) de John:

1. *Quem sou eu?*
   Sagrado, engraçado, amoroso, grandioso.
2. *O que é sagrado para mim?*
   Amor, conexão, significado, sincronia, Deus.
3. *O que vim fazer aqui?*
   Ajudar o outro a curar-se.
4. *Como Deus/o Universo/O Criador fala comigo?*
   Através de meus sentimentos.
5. *Como posso fazer do mundo um lugar melhor usando meus dons espirituais?*
   Ensinando o amor e a fé.
6. *Quais são minhas "lacunas" espirituais?*
   Aprender a meditar, desenvolver minhas habilidades mediúnicas.

7. *Que símbolo expressa meu verdadeiro Eu espiritual?*
   Um caleidoscópio.

Bússola Leste (emocional) de Kate:

1. *Quem eu vim amar aqui?*
   Todos.
2. *Quem eu vim perdoar aqui?*
   Os que estão na escuridão.
3. *O que traz alegria a meu coração?*
   Amor, flores, a primavera, crianças pequenas.
4. *O que vim curar aqui?*
   Eu mesma, meu passado.
5. *Como posso fazer do mundo um lugar melhor usando meus dons emocionais?*
   Ensinando as pessoas a despertarem e a terem entusiasmo.
6. *Quais são minhas "lacunas" emocionais?*
   Perdoar aqueles que sei que preciso perdoar.
7. *Que símbolo expressa meus dons emocionais?*
   Um anjo.

Quando terminar de elaborar sua mandala do destino, estude-a, observe-a. Que palavras ou idéias surgem mais de uma vez? A mandala do destino é um instrumento que vai ajudá-lo a reafirmar o que é mais importante para você e o que você veio fazer aqui. É uma ferramenta de autocelebração e auto-realização. Quanto mais harmonizado você estiver com aquilo que considera mais sagrado, maior será a probabilidade de você agir para alcançar seus objetivos. Elaborar uma mandala do destino prepara o terreno para sua declaração de missão de vida.

EXERCÍCIO DE DECLARAÇÃO DE MISSÃO

Ou você está vivendo sua missão, ou está vivendo a missão de outro alguém.

LAURIE BETH JONES

A palavra "missão" vem do latim *missio*, que significa "envio". Ela também se refere a uma "vocação ou chamado especiais", como em "a medicina era sua missão", que podem ser associados a carreira ou trabalho. A questão é: para onde você está "enviando" sua vida? Para que destino?

As empresas deixam suas declarações de missão ou valores visíveis para todos, por exemplo, em quadros de aviso. É uma forma de transmitir aos clientes o que a empresa representa e fazer com que os funcionários lembrem-se disso todos os dias. Entretanto, declarações de missão também podem ser usadas por indivíduos e famílias; uma declaração de missão pessoal revela quais são seus valores, seus dons e como você pretende contribuir para mudar o mundo. Ela descreve seu objetivo pessoal e como você deseja viver. Como somos seres únicos, singulares, as declarações pessoais são sempre diferentes umas das outras. Sua missão é o que o ajuda a dar o passo todos os dias, é o ponto de destino do outro lado da ponte.

Quando você tem uma missão, deixa de ser uma pessoa "sem porquê", você sabe para onde sua vida deve caminhar. A missão cura a ausência psíquica, pois representa uma visão, um destino, um propósito. E quando, todas as manhãs, acordamos com uma visão, um destino e um propósito, nossa alma começa a agir. Você poderá curar a doença espiritual que está dominando tantas vidas hoje em dia. Quanto mais rápido o rio das mudanças correr, mais facilidade teremos de nos distrair. Por que fazemos tudo o que fazemos todos os dias? Por que perseguimos os objetivos errados? Será que perdemos a visão global? Será que abrimos mão de nossos princípios morais? Uma declaração de missão nos traz de volta ao caminho, é a bússola de que tanto precisamos quando ficamos à deriva.

Existem diferentes escolas de pensamento sobre como escrever uma declaração de missão e sobre o que ela deve englobar; não são necessários inúmeros parágrafos e não existem regras fixas. Se sua declaração de missão for a letra de uma música, que seja assim, contanto que ela fale a seu coração e expresse suas inclinações. Eu soube de um homem cuja declaração era: "Desejo ser o tipo de pessoa que meu cachorro pensa que sou." Curta e direto ao ponto. Uma de minhas clientes me disse que sua declaração era "Amor". Somente isso, uma palavra só.

É possível coletar informações e buscar inspiração em milhares de fontes, inclusive na mandala do destino e nos exercícios de entusiasmo, que faremos no capítulo 4, para descobrir algo que seja unicamente seu. A maior parte das declarações de missão fala sobre o que cada indivíduo pretende fazer, de acordo com o que é mais importante para ele. O filósofo Victor Frankl afirmou que nós não inventamos nossa missão na vida, nós a detectamos. Quando temos alguma vocação ou objetivo especial, devemos ficar muito atentos às mensagens que nossa alma nos envia. Existem várias maneiras de se escrever uma declaração de missão. Aqui está uma delas:

> Quem é você?
> Que contribuições deseja dar?

Passo 1: A primeira parte de sua declaração de missão é composta de informações a seu respeito. Quem é você? Imagine que um jornalista de outra galáxia chegasse à Terra para entrevistá-lo. Que adjetivos melhor descreveriam suas singulares qualidades, talentos e dons? Aqui estão alguns exemplos:

- Sou uma pessoa bela, gentil, articulada, apaixonada e sensível.
- Sou uma pessoa inteligente, original, inspiradora, bondosa e poderosa.
- Sou uma pessoa tempestuosa, verdadeira, criativa, reflexiva e expressiva.

Passo 2: Que contribuição você deseja dar? Reflita sobre o que deseja fazer pelo bem da humanidade. Como deseja contribuir? Olhe para sua mandala do destino. O que lhe traz alegria? O que o entusiasma? O que aprendeu sobre si mesmo quando respondeu as perguntas da mandala? Aqui estão alguns exemplos:

- Minha missão é reconhecer o sagrado em todas as pessoas e coisas.
- Minha missão é inspirar, amar e dar poder às pessoas para que elas possam alcançar o mais alto entendimento de quem realmente são.
- Minha missão é educar o mundo sobre a conservação e a proteção de nosso planeta.
- Minha missão é ajudar as pessoas dos países do Terceiro Mundo.

Passo 3: Combine os passos 1 e 2. Por exemplo:

- Sou uma pessoa bela, gentil, articulada, apaixonada e sensível, cuja missão é reconhecer o sagrado em todas as pessoas e coisas.
- Sou uma pessoa entusiástica, corajosa, inteligente e ousada, cuja missão é ensinar às crianças como cuidar de nosso planeta.

Você pode passar horas, ou mesmo dias, elaborando sua declaração de missão, tentando fazer com que as palavras fluam. Não fique frustrado, concentre-se nas idéias. Não se preocupe com poesia ou eloqüência. As palavras certas virão com o desenrolar do processo. Se sua declaração não começar a fluir, sente-se e reflita por alguns instantes. Deixe que a sabedoria do seu subconsciente vá chegando à superfície. Quando você chegar a uma declaração que soe verdadeira, repita-a para si mesmo com freqüência; experimente fazê-lo em voz alta, cole essa declaração em algum lugar onde possa vê-la todos os dias. Algumas sugestões: no quadro de avisos bem diante de sua mesa de trabalho, na primeira página de sua agenda, na porta da geladeira. Sua declaração de missão vai se transformar em sua bússola; ela é a direção para a qual você deseja encaminhar sua vida. Sua bússola representa tudo o que for signicativo e sagrado para você. Viver a vida com um propósito é viver em harmonia com sua declaração de missão.

CONTEMPLANDO A MORTALIDADE

A crise da meia-idade provavelmente reflete o fato de que, na meia-idade, nossa própria morte se torna menos teórica e mais provável.
ARTHUR J. DEIKMAN

Em seu livro **A última grande lição: o sentido da vida**, Mitch Albom nos fala de suas visitas a um antigo professor de faculdade, Morrie Schwartz, que está morrendo da doença de Lou Gehrig, uma terrível desordem neurológica. Enquanto a doença de Morrie progride, Mitch visita-o todas as terças-feiras, e eles têm maravilhosas conversas sobre a vida. Numa dessa visitas, Mitch pergunta a respeito da morte, e o professor recomenda que todos façam como os budistas, que estão preparados para morrer a qualquer momento. Por quê? Para que possam ficar mais voltadas para a vida enquanto a estão vivendo. "A verdade, Mitch", diz ele ao aluno, "é que, uma vez que você aprende a morrer, também aprende a viver."

As palavras de Morrie são sábias: somente quando contemplamos nossa própria mortalidade é que tomamos consciência de como desejamos viver, somente quando contemplamos nossa morte é que sentimos a necessidade de aproveitar cada gota de alegria em nossas vidas. Morrie disse que o motivo pelo qual nós não pensamos muito sobre a morte é porque somos todos como sonâmbulos, vivemos nossas vidas por hábito em vez de intencionalmente. Se alguém lhe dissesse que sua vida terminaria em um ano, você veria o mundo de outra maneira? Pararia de adiar as coisas e começaria a tomar atitudes? Como você deseja fazer diferença nesse mundo? Como quer ser lembrado?

O QUE AS PESSOAS DIRÃO DEPOIS QUE VOCÊ ESTIVER MORTO?

Somente o amor que demos e recebemos é real em nosso passado. Todo o resto é ilusão.
MARIANNE WILLIAMSON

Um dos exercícios mais pungentes que fiz foi escrever o que gostaria que as pessoas dissessem em meu enterro, aqueles sentimentos que eu gostaria que elas expressassem a meu respeito depois que eu partir. Quando nossos filhos estavam visitando os avós, meu marido e eu nos sentamos e resolvemos refletir sobre o nosso destino. Era véspera do ano-novo de 1999, o final de um milênio e o alvorecer de outro; era hora de reajustar minha vida. Concentrei-me no que queria que meus amigos e familiares dissessem sobre mim após minha morte. O que diriam sobre minha pessoa? Como avaliariam minha vida?

Quando pensei em meus filhos, a emoção tomou conta de mim. Comecei a me perguntar: "Que tipo de mãe desejo ser? Como quero influenciar a vida de meus filhos?" Com os olhos marejados, escrevi: "Ela demonstrou bondade, compaixão e um amor incondicional, ela me inspirou para que eu tentasse alcançar as estrelas. Sou quem sou hoje por causa do amor de minha mãe."

O que eu gostaria que meus amigos dissessem? "Grace foi uma amiga verdadeira, acreditou em mim e me ofereceu seu amor. Ela me inspirou para que eu sempre procurasse o melhor em mim e nos outros. Ela era um anjo de bondade, foi por isso que Deus a mandou para nós."

O que eu gostaria que meus clientes dissessem? "Grace Cirocco me inspirou a agir! Ela me ensinou a viver a vida ao máximo e a correr atrás de meus sonhos. A paixão dela pela vida e o amor que demonstrava por todas as pessoas fez com que nos tornássemos mais ricos simplesmente por tê-la conhecido."

A questão fundamental nesse exercício é a seguinte: se é isso o que desejo que as pessoas falem sobre mim, o que preciso fazer todos os dias para chegar lá? Em outras palavras, que atitudes devo ter, que passos devo dar para conseguir esse resultado? Admitir para mim mesma que esse era o legado que queria deixar quando morresse foi um poderoso exercício que me mostrou, com clareza, o caminho que estava diante de mim. Revi minha declaração de missão e anotei meus objetivos. Eu precisava saber para onde iria "enviar" minha vida no novo milênio.

Quando pensamos em nossos relacionamentos mais importantes, fazer um exercício como esse nos ajuda a decidir o que está do outro lado da ponte, em que direção estamos trabalhando. Quando descobrimos o porquê de cada relacionamento, agir é muito mais fácil. Algumas vezes, precisamos contemplar nossa morte para podermos refazer nossas prioridades na vida. Seu aniversário está próximo? Suas férias estão chegando? O ano-novo? Se nada disso estiver para acontecer, qualquer dia serve.

Prepare um chá ou café, vista suas roupas mais confortáveis, sente-se em sua cadeira favorita e abra seu diário ou um caderno. Decida o que deseja que as pessoas digam a seu respeito depois que você morrer.

OUVINDO O CHAMADO DE SUA ALMA

Viver com heroísmo é viver a própria aventura. Recusar o chamado significa estagnação.
JOSEPH CAMPBELL

Outra maneira de conseguir clareza sobre seu destino é ouvir o chamado de sua alma. Quando a alma fala, o coração sente. Mas o que é esse "chamado da alma", como você sabe que o experimentou?

Um chamado é algo semelhante a uma missão ou propósito, mas é mais geral. Por exemplo, você pode sentir um chamado para prestar um serviço comunitário e, ao refletir sobre as contribuições que pode dar, perceber que o que realmente deseja é ajudar os incapacitados a se tornarem mais auto-suficientes. Isso se torna sua missão ou destino, mas você não teria feito a descoberta se não tivesse ouvido aquele sentimento inicial, o "chamado".

Quando você ouve ativamente o chamado de sua alma, ouve também a voz de Deus. O chamado é a voz de sua intuição, que, gentilmente, o impulsiona a ver quais são as possibilidades que você pode manifestar em sua vida. Quando presta atenção num pressentimento interior que diz "siga esse caminho", "fale com aquela pessoa", "leia aquele livro", você está respeitando sua alma, está entregando sua vida a um poder superior. A alma nos chama para que expressemos nossa criatividade e nossos dons individuais. É um avanço em direção ao futuro que nos impulsiona na direção de nossas ilimitadas possibilidades, de nosso infinito potencial.

> Quando você ouve ativamente o chamado de sua alma, ouve também a voz de Deus.

Um chamado pode se referir a vários aspectos de nossa existência. Algumas vezes, ele é apenas um sussurro, um toque sutil, que diz: "Quero saber mais" ou "Gosto disso". Outras vezes, ele é mais explícito, nos atinge como uma martelada e não nos deixa dormir, comer ou seguir nossa

rotina enquanto não prestamos atenção. Ninguém sabe com certeza qual é a origem do chamado. Sabemos que ele vem da alma, mas por que um determinado chamado e não outro qualquer? Por que fui chamada para inspirar as pessoas e lhes dar poder, ensinando-as como viver de maneira mais significativa, e não para ensiná-las, por exemplo, a maximizar seus investimentos? Porque a primeira missão é parte de meu destino, a segunda, não. A alma reconhece o próprio destino e deseja que nossa vida seja dedicada a cumpri-lo. Por isso, ela nos ajuda e nos envia mensagens, anseios, avisos e sentimentos que acabarão nos levando a nosso destino.

Algumas pessoas sabem ouvir o chamado; outras têm grandes dificuldades. Quanto mais consciente você for, quanto mais conectado estiver ao Criador e a seu verdadeiro Eu, maior será sua habilidade de reconhecer o chamado quando ele vier. Algumas vezes, recebemos o chamado ainda na infância. Um de meus clientes recebeu o chamado para ser um biólogo marinho e treinador de golfinhos quando era criança e, numa viagem à Flórida, viu esses animais pela primeira vez; naquele mesmo instante, ele soube que desejava aprender o máximo possível sobre essas impressionantes criaturas. No correr da vida, podemos ter vários chamados diferentes que nos apontam a direção na qual a alma precisa seguir. Há chamados em relação à carreira, trabalho, educação, locais (para onde precisamos viajar, onde devemos viver), relacionamentos e missão espiritual.

O chamado da alma não precisa ser um ponto de destino final; em muitos casos, ele apenas nos leva em direção à nossa missão ou destino. Algumas vezes, vários chamados compõem a mesma missão, outras vezes, um chamado pode ser apenas um degrau, algo que precisamos aprender antes de completar o trabalho de toda uma vida.

Há algum tempo, fui convidada para participar de um programa de televisão no qual os espectadores podiam telefonar e fazer perguntas. Um rapaz quis saber como poderia diferenciar um chamado de uma fantasia. Boa pergunta. Ele disse que sua fantasia era morar perto do mar.

"Mas o que o está impedindo de fazer isso?", perguntei.

"Não é realista", explicou o rapaz. "Eu e minha mulher temos empregos aqui e acabamos de comprar uma casa."

Respondi que aquele anseio era um chamado da alma. Ele poderia chamá-lo de fantasia, mas o fato é que a fantasia o estava chamando.

Algumas vezes, o chamado da alma não tem nada a ver com nossa vocação, mas tem tudo a ver com a felicidade. Se você estiver contente com o ambiente que o cerca, verá esse contentamento espalhar-se por todas as áreas de sua vida. O desejo de morar perto do mar pode não ser uma vocação, mas certamente pode ser um chamado da alma. Muitas vezes, uma fantasia é uma imagem construída a partir daquilo que achamos que poderia ser ou que desejamos que seja. Talvez nós a chamemos de fantasia porque não acreditamos que podemos alcançá-la. O chamado é sentido no coração, nem sempre ele nos parece lógico. Justamente quando sentimos que a vida está em ordem, nossa alma começa a ficar inquieta e queixosa. Sem mais nem menos, ela nos apresenta uma novidade. Nós pensamos: "Isso não pode ser real. Minha vida está em ordem. Tudo está em seus devidos lugares. Eu estou feliz, não estou?"

O CHAMADO QUE VEM COM ENTUSIASMO

O tempo enruga a pele, mas abrir mão do entusiasmo enruga a alma.
SAMUEL ULLMAN

Havia 200 mulheres no grande salão de conferências do hotel. O líder do seminário estava falando sobre como todos nós temos nosso estilo próprio de comunicação. Era um seminário profissional, meu primeiro, e, de repente, recebi "o chamado". Na verdade, ele me atingiu como um raio. Passei o resto do dia pensando: "É isso! É isso o que eu quero fazer." Mal pude conter o entusiasmo. Voltei para casa e contei a meu marido.

Três meses depois, estava competindo com mais de 500 indivíduos esperançosos, num salão de festas de um hotel. Estávamos lá respondendo a um anúncio publicado no jornal: "Empresa internacional de seminários procura líderes para ampliar suas atividades." Não havia número de telefone, apenas o local e a data do encontro. Pouco tempo antes, eu havia dado à luz minha filha Kajsa e ainda a estava amamentando, por isso não podia deixá-la sozinha por mais de duas horas. Faltava uma hora para o início da reunião. Como poderia resolver o problema? Como poderia equilibrar o chamado de minha alma com a maternidade? (Muitas mulheres enfrentam esse dilema todos os dias!)

Meu marido, sempre pronto a me apoiar (Deus o abençoe!), apresentou a solução. "Vamos todos juntos. Eu fico esperando no saguão com as crianças. Se Kajsa ficar com fome, você estará por perto." Tudo o que ouvi durante a apresentação me deixou ainda mais entusiasmada. "Viva! Isso é para você, Grace", dizia minha alma. Quando a reunião terminou, fomos convidados a voltar na manhã seguinte e gravar um vídeo. "Falem sobre algum assunto que vocês dominem", disse o entrevistador. Essa foi a única orientação que recebemos. Como jornalista, eu tinha conhecimentos sobre técnicas de escrita para rádio e televisão, e foi sobre isso que falei.

A empresa levou vários meses para analisar todos os vídeos e tomar uma decisão. Finalmente, selecionaram seis candidatos para um curso de treinamento, e eu estava entre eles. Embora tivéssemos sido selecionados para o tal treinamento, não poderíamos ter certeza de que conseguiríamos o emprego, pois aquela era apenas mais uma etapa do processo de seleção. Após o treinamento, recebi um telefonema convidando-me para fazer parte da equipe. Eu havia sido selecionada com mais um candidato. Fiquei extasiada, havia sido verdadeira com meu chamado e agora o Universo estava me recompensando. Minha vida e meu trabalho mudaram completamente, eu estava cada vez mais perto de minha missão.

Um amigo me disse, um dia, que um piano tem 88 teclas. Ocorreu-me a idéia de que, antes de morrer, devemos tocar nossa música com todas as 88 teclas. Quando era mais jovem, eu havia recebido o chamado para ser jornalista de rádio e televisão; escrevi, editei e produzi noticiários e programas sobre atualidades. Eu era boa profissional, mas não estava tocando minha música com as 88 teclas; nos melhores dias, talvez eu usasse umas 60. Como líder de seminários, palestrante, treinadora e, agora, escritora, sinto que estou, finalmente, utilizando todas as teclas para tocar minha música, talvez não todos os dias, mas sei que uso todas elas. Considero isso um privilégio.

Quando seu trabalho está em harmonia com seu chamado, ele nem parece um trabalho. Tudo flui com facilidade. Você se sente exultante, ansioso pelas próximas possibilidades. Você se sente poderoso, e as coisas acontecem como num passe de mágica.

Algumas pessoas recebem o chamado para um trabalho significativo (usando as 88 teclas) quando ainda são crianças, como aquele meu cliente que sabia que trabalharia com golfinhos. Para outras pessoas, como eu, o processo é cumulativo. Cada chamado no qual prestamos atenção e sobre o qual agimos começa a formar uma base para o reconhecimento daquele chamado maior, que vai nos fazer tocar no teclado inteiro. Quando foi a última vez que você ouviu sua música tocada com as 88 teclas?

Uma forma de saber se estamos nos aproximando do teclado completo é avaliar o quanto nos entusiasmamos. A raiz da palavra entusiasmo, *entheos*, é grega e quer dizer "repleto de Deus". Quando estamos repletos de Deus, estamos também repletos de alma. O entusiasmo é, então, a linguagem da alma. Quando ela fala conosco, devemos ouvi-la, pois seu chamado pode estar por perto. Esse entusiasmo pode ser por qualquer coisa: se você estiver entusiasmado por um trabalho, um ramo do conhecimento, uma idéia, um lugar, um livro, uma música ou uma pessoa, preste atenção. É a maneira que sua alma encontrou de dizer que suas 88 teclas podem estar na próxima página da partitura.

Quando estamos repletos de Deus, estamos também repletos de alma. O entusiasmo é, então, a linguagem da alma.

O CHAMADO QUE VEM SOB DIFERENTES DISFARCES

É claro que a mente pode adiar o chamado, suprimi-lo e abrir mão dele. Você não será necessariamente punido ou condenado ao inferno.
JAMES HILLMAN

Meu amigo Wally tem quase 40 anos e vem recebendo chamados para o que ele considera o trabalho mais importante de sua vida. Ele é funcionário de uma empresa, mas também toca bateria e viajou por todo o mundo com sua banda. Wally ama a música e sempre sentiu nela seu verdadeiro chamado. Entretanto, agora que está se aproximando da meia-idade, sente-se impulsionado a fazer algo diferente, algo que, segundo ele, Deus deseja que faça, algo que vai lhe trazer mais significado e satisfação.

O chamado veio, pela primeira vez, depois que ele ajudou um motorista que se envolveu num acidente de automóvel. Quando Wally estava dirigindo numa rodovia, o carro que ia em sua frente ficou descontrolado, bateu no trilho de segurança, rodopiou e caiu numa vala. Ele parou, pegou um cobertor que havia deixado no porta-malas e correu até o motorista, que estava tremendo, em completo estado de choque. Assim que recebeu o cobertor e percebeu que alguém queria ajudá-lo, o motorista acalmou-se. Wally ficou esperando a ambulância chegar. Quando se despediram, o olhar do rapaz para ele foi algo inesquecível. Wally me disse: "Ajudar aquele homem me fez muito bem e me trouxe uma enorme satisfação." Ele começou a pensar na possibilidade de se tornar um socorrista ou, talvez, um bombeiro. A única certeza que ele tinha era que desejava ajudar pessoas em situações de perigo.

O chamado voltou a se manifestar alguns meses depois, quando o pai de Wally foi levado para o hospital. Ele sofria do mal de Alzheimer e estava no estágio final da doença, portanto não reconhecia mais os filhos nem a esposa. Wally tirou uma licença do trabalho para ficar com o pai e a mãe, que permanecia o tempo todo ao lado do marido enfermo. Ele ia ao hospital diariamente, segurava as mãos do pai, fazia a barba dele, banhava-o e levava-o para passear pelo hospital na cadeira de rodas. "Senti um chamado para ficar ali. Eu amo fazer isso pelo pai", disse-me ele.

Quando era mais jovem, Wally salvou a vida de um dos irmãos, doando para ele um de seus rins. Embora houvesse mais oito irmãos, ele foi o único a se oferecer para enfrentar uma cirurgia tão dolorosa. Acredito que a decisão de salvar a vida do irmão veio de um chamado semelhante, sob uma aparência diferente. O fato é que

Wally tem recebido o mesmo chamado a vida inteira. Ele é um indivíduo que apóia, que cura, que se preocupa com os outros, que é sempre o primeiro a oferecer ajuda. Acho que esse chamado vai ficar cada vez mais vigoroso à medida que Wally for ficando mais velho. Enquanto isso, ele continua a estar no lugar certo, na hora certa, para ajudar seus semelhantes.

O CHAMADO QUE NÃO NOS DEIXA EM PAZ

É isso o que chamam de férias? Aquilo que você faz com fervor, como se tivesse fogo no coração e o diabo no corpo?
JOSEPHINE BAKER

Meu marido, Santo, me disse que o nome do homem é irmão John e que ele faz milagres, cura as pessoas. Santo ouviu falar sobre os milagres do irmão John através de um amigo que fora curado de um problema de coluna que o deixara na cama durante dez anos. O irmão John havia passado algum tempo na prisão por crimes relacionados ao abuso de drogas e álcool. Não era o tipo de milagreiro que costumamos imaginar, mas teve de ouvir um chamado incomum que recebia com freqüência: estava tendo visões da Virgem Maria, que o visitava durante o sono. Às vezes, ele abria os olhos e lá estava ela, no meio do quarto, dizendo que ele precisava curar as pessoas e que possuía poderes especiais para ajudar os doentes. John ficou aterrorizado, com medo de estar enlouquecendo, e, durante dois anos, negou completamente as tais visões. Ele dizia que era o sujeito errado, mas o chamado da Virgem Maria era persistente. Finalmente, John resolveu aceitá-lo. Hoje, muitas pessoas afirmam que devem a vida a esse homem. Ele está tocando sua música com as 88 teclas; sua bússola e sua missão fizeram dele um curandeiro dos tempos modernos, com o poder de realizar milagres.

Eu não sei como isso funciona, mas sei que coisas impressionantes podem acontecer quando temos fé. Não importa se as curas milagrosas acontecem por causa do irmão John ou por causa da fé que as pessoas têm nos poderes dele. O importante é que ele teve a coragem de prestar atenção ao chamado que nunca o abandonava. Ele tem feito muitas coisas boas neste mundo, visitando e curando os doentes. Por ter ouvido seu chamado especial, o irmão John vive todos os dias sua singular missão.

Algumas vezes, as pessoas ignoram o chamado. Rita, uma de minhas clientes, que já passou dos 50 anos de idade, não teve coragem de ouvir seu coração quando era mais jovem. No início da adolescência, ela tinha certeza de que queria ser freira da Igreja Católica Romana. Ainda muito jovem, trabalhou como missionária e procurava trazer Cristo para a vida das pessoas. Quando falou com os pais sobre a carreira que desejava seguir, eles não aprovaram. Com medo de perder o amor e a aceitação da família, Rita abriu mão dos anseios de sua alma para dedicar-se a algo que os pais aprovassem e acabou fazendo um curso de secretariado.

Durante grande parte da vida, Rita sentiu-se perdida; ela havia negado quem era para satisfazer os pais e, durante muitos anos, seus relacionamentos e empregos foram inconstantes. Hoje, ela sente um controle maior sobre a própria vida, pois conheceu um homem que é praticamente um missionário e se casou com ele. O casal faz trabalhos voluntários para a igreja local e a comunidade e fala de Jesus para os que quiserem ouvir. Embora não tenha se tornado freira, ela se considera uma pessoa feliz. Há muitas maneiras de seguir nosso chamado. E nunca é tarde demais.

TRABALHANDO SEUS OBJETIVOS

Uma jornada de mil léguas começa com um simples passo.
LAO-TZU

Muitas pessoas não agem porque seu caminho não está claramente definido. O segredo é: faça um plano. Anote os primeiros passos que precisará dar para ouvir o chamado de sua alma e alcançar seu objetivo. A melhor maneira de fazê-lo é desenhar um mapa de objetivos. Escreva seu chamado ou objetivo num círculo e desenhe outros círculos partindo dele. Escreva suas idéias nos outros círculos. Assim que as idéias estiverem no papel, priorize cada passo. Pergunte a si mesmo: "O que preciso fazer primeiro?" Faça uma lista dos passos necessários e marque uma data limite para realizá-los. A cada semana, programe em sua agenda um ou dois passos que possam aproximá-lo de suas metas. Esse é um processo eficiente de definição de objetivos. A vida é exatamente isso, uma série de pequenos passos. Muitas vezes, ficamos paralisados pelo medo porque aquilo que desejamos parece nos esmagar; vença o medo, lide com um elemento de cada vez e logo você terá atravessado a ponte. A definição de objetivos é um hábito dos seres humanos eficientes. Eles não se desencorajam, ao contrário, conectam-se aos próprios sonhos todos os dias, ao mesmo tempo em que equilibram as obrigações ligadas ao trabalho e à família. Roma não foi feita num só dia e nossos sonhos também não o serão. O resultado que desejamos virá através de ações consistentes, realizadas dia após dia.

Depois de fazer os exercícios deste capítulo, se você ainda não tiver uma idéia clara do que o está esperando do outro lado da ponte, pense em objetivos nas seguintes categorias:

- crescimento e desenvolvimento pessoais;
- carreira/trabalho;
- aventura/viagens/divertimento;
- família/amigos;
- jornada espiritual;
- legado (que diferença você deseja fazer neste mundo).

Selecione uma categoria e pergunte: "O que eu quero?" Para alcançar seus objetivos, reflita sobre as seguintes idéias:

- Anote seus objetivos e coloque-os num lugar onde possa vê-los (alguns deles podem ser suas afirmações).
- Use verbos na voz ativa, não na passiva.
- Use tempos de verbo que expressem continuidade, por exemplo, "Estou atraindo...", em vez de "Vou atrair..."
- Seja específico: O quê? Quando? Quanto custa? Quem?
- Sonhe alto, não aceite limites.
- Visualize o resultado final de seus objetivos diariamente.
- Crie uma profecia que se realize através de seu esforço, de sua mudança de atitude: tenha a expectativa do sucesso.

MAPA DE OBJETIVOS

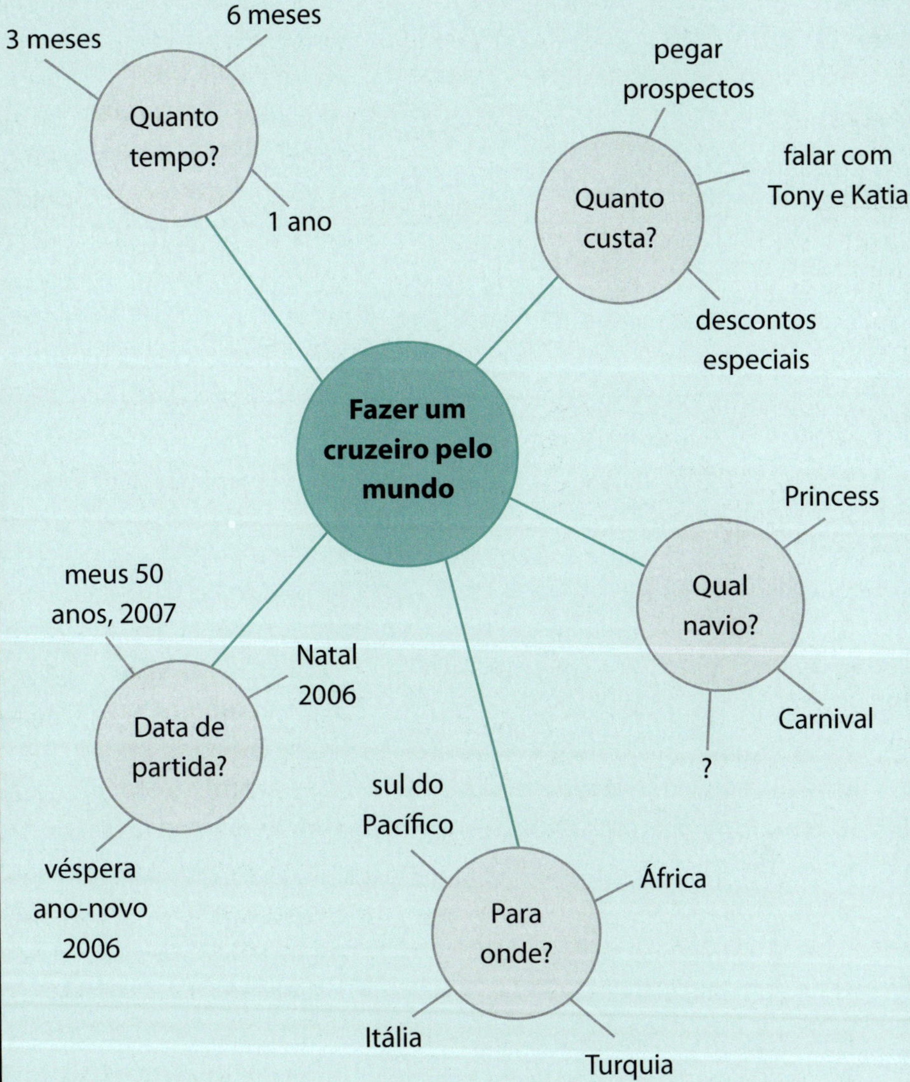

Crie prioridades: o que você precisa fazer primeiro?

4

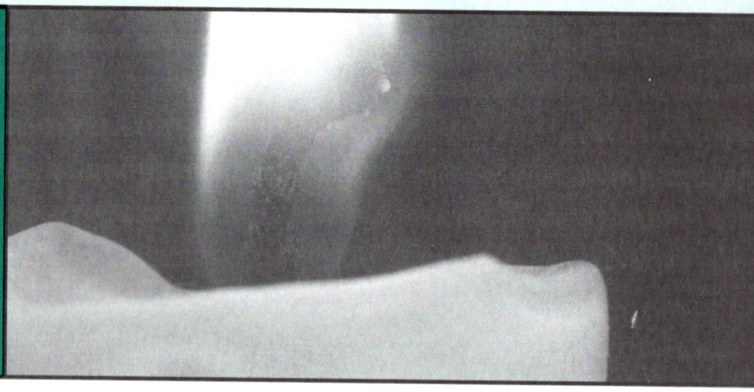

PAIXÃO

PAIXÃO PELA VIDA

É preciso abandonar completamente a busca pela segurança e entregar-se ao risco de viver com ambos os braços. Precisamos abraçar o mundo como se fosse um amante.
MORRIS L. WEST

O que faz seu coração bater mais forte? O que faz seus olhos brilharem e te deixa elétrico? Quando foi a última vez que você abraçou o mundo como se fosse um amante? A paixão é a matéria-prima dos sonhos. Ela pode ser quente, intensa e colorida. Ela traz textura e significado à vida. É o antídoto contra a depressão e mantém você vivo e radiante. A paixão é a energia pulsante que o mantém conectado à sua força de vida, a seu propósito e à Inteligência universal presente na natureza. A paixão é o combustível dos artistas, dos poetas e dos que têm sede de uma jornada mais significativa. Ela acende a alma, é a coragem que nos impulsiona a atravessar a ponte. Sem paixão pela vida, levantar-se todas as manhãs é uma experiência sem nenhum sentido. Paixão é muito mais que os sentimentos sexuais que temos por um amante.

As pessoas apaixonadas assumem um compromisso: elas vão até o fim. Não podemos ser apaixonados e circunspectos ao mesmo tempo. A paixão deseja sempre se escancarar, lançar-se no ar e ser notada, deseja expressar-se de maneiras criativas. O inimigo da paixão é o medo. Por que não avançamos em direção aos anseios de nosso coração? Porque temos medo. Se pudéssemos nos conectar à nossa paixão, encontrar sua fonte no mais profundo de nosso ser, estaríamos prontos para dar os primeiros passos na direção daquilo que é sagrado e significativo em nossas vidas. A paixão é a solução para muitos de nossos males e, mesmo assim, nós a ignoramos. Por quê?

POR QUE APAGAMOS A CHAMA DA PAIXÃO?

A paixão corta os ramos da árvore do enfado. A paixão é o elixir que renova... Oh, não suspire tão profundamente de cansaço: busque a paixão, busque a paixão, busque a paixão!
RUMI

Acho que temos passado centenas de anos tentando apagar a chama da paixão. Um gênero de livros e filmes que sempre me fascina é o que explora o tema da sanidade/insanidade. Os personagens mais importantes nos filmes **Um estranho no ninho**, **Mr. Jones** e **Homem olhando a sudeste**, por exemplo, são considerados loucos pelo mundo exterior, mas, para mim, eles personificam o estado mais intenso da paixão. São heróis que assumem riscos e vivem no limite, não podem ser classificados como "normais" porque são extremamente arrebatados pela vida e não escondem os sentimentos: eles vivem a toda velocidade.

Os personagens principais dos filmes **Mr. Jones** e **Homem olhando a sudeste** perdem o controle enquanto ouvem a Nona Sinfonia de Beethoven. Tomados pela música, ambos se levantam e começam a reger (o que, naturalmente, chama a atenção dos presentes); depois, incapazes de conter a intensa alegria, caminham até o palco e tentam conduzir a orquestra, para espanto dos maestros, que estão somente tentando fazer seu trabalho. Pessoas "normais" não agem assim, os dois personagens quebram as regras. O veredito? Só podem ser loucos e, por isso, nos dois filmes, a polícia chega e os leva embora.

Parece que existe uma linha muito tênue entre ser louco e ser apaixonado, entre a insanidade e uma vida vivida com ardor. Quando não somos capazes de domar a paixão, nós a amputamos. Isso começa na infância: são muitas as crianças educadas por pais controladores, que desejam escolher suas roupas, músicas e amigos. Se voam muito alto ou se imaginam ter asas, logo as vêem presas, mutiladas ou, o que é pior, arrancadas pelos pais. Eu acho que dei muito trabalho para minha mãe: ela não sabia o que fazer com uma criança tão intensa, uma filha tão escandalosamente apaixonada pela vida. Minha mãe fez o melhor que pôde para reprimir minha "loucura" e me fazer aceitar a idéia de assumir o comportamento que ela julgava adequado a uma boa menina, mas eu tinha minhas próprias idéias. Havia muitas aventuras que eu queria experimentar, muitos lugares que eu queria visitar e muitas coisas que eu queria fazer; recusava-me a seguir um caminho que não fosse meu, rejeitava o comportamento que minha herança italiana recomendava para as meninas. Essa atitude me fez ser considerada "diferente" e "difícil".

> Existe uma linha muito tênue entre ser louco e ser apaixonado.

Acredito que minha mãe tinha medo de que minha paixão me trouxesse dificuldades. Ela se preocupava comigo, mas, quando me tornei adulta, conformou-se com minha rebeldia. Acho que ela, finalmente, conseguiu me compreender porque se lembrou de uma época em que também teve sua paixão arrancada de dentro do coração.

Algumas vezes, uso um perfil de personalidade denominado Cores Reais, desenvolvido por Don Lowry. Baseado no Indicador de Tipos Meyers-Briggs, ele foi elaborado para ajudar as pessoas a entenderem a si mesmas e os outros de uma maneira bem simples. As quatro cores de personalidades são alaranjado, dourado, azul e verde. Os alaranjados são espontâneos, ousados, rápidos e insubmissos, amam expressar-se de maneiras criativas e não têm medo de viver a vida integralmente. São as pessoas mais vibrantes, as que sabem como se divertir. Todos nós temos em nosso interior essas quatro cores, mas uma delas tende a ser mais forte que as outras.

É fascinante observar que os indivíduos cuja cor predominante é o alaranjado somam apenas 14% da população adulta, enquanto, entre as crianças, eles representam 50%. Acho que, coletivamente, somos mestres em apagar o alaranjado da vida dos pequenos. A questão é "por quê?" Acho que é porque a paixão é ameaçadora.

Parece que o mundo não está pronto para nossa paixão, nosso "alaranjado", nosso Espírito de alta octanagem. E, assim, nós nos desculpamos por essa paixão, nós a escondemos, nós a matamos.

As pessoas, muitas vezes, sentem ciúme ou medo de que nossa paixão roube alguma coisa delas. Elas têm medo de onde a paixão possa levar: ela pode quebrar regras e levar a mudanças, e as mudanças nem sempre são fáceis de aceitar. Isso mesmo, ainda há muito medo envolvendo a paixão. Isso é culpa de um mundo que ainda não está totalmente iluminado, mas a maré está mudando; entramos num novo milênio que promete abraçar o Espírito e, assim esperamos, celebrar a paixão. Enquanto isso, vamos compreender por que tantas pessoas têm dificuldades para sentir e demonstrar sua paixão.

ESCOLHENDO ENTRE DOIS CAMINHOS

Descobri que sou capaz de fazer algo se assim o quiser. Posso ficar acordada e deixar que as dores do mundo me despedacem. Então, permitir que as alegrias me recomponham e, embora diferente, eu me torne inteira outra vez.
ORIAH MOUNTAIN DREAMER

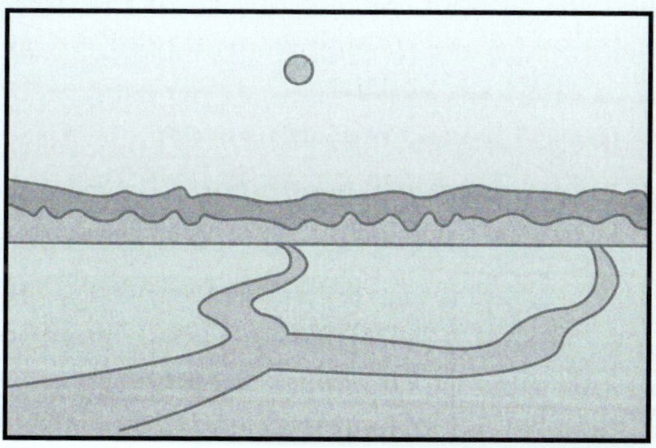

Na vida, temos uma escolha entre dois caminhos: o caminho da consciência e o caminho da indiferença. O primeiro deles é para os guerreiros espirituais, aqueles comprometidos com a paixão pela vida. Essas pessoas sabem que a alegria e a dor são dois lados da mesma moeda e não temem vivenciar os próprios sentimentos. A verdade é que o caminho da consciência foi o ponto de partida para todos nós; chegamos a este mundo com a capacidade de sentir tudo, experimentar tudo e responder tudo no momento presente. Alguns de nós se mantêm assim, com uma abordagem do mundo semelhante à de uma criança. Confiando e amando, entregamos nossos corações todos os dias.

Para outras pessoas, porém, as dores e deslealdades da vida têm sido grandes demais para serem suportadas e, pouco a pouco, elas vão trancando as próprias emoções numa tentativa de suprimir a dor. Há aqueles que optam por uma anestesia completa e desligam a dor através das drogas e do álcool. Fazer compras é outra forma de "anestesiar-se": ficamos com a sensação de ter preenchido o vazio. Há uma triste verdade sobre esse cenário: quando reprimimos os sentimentos negativos, quando paramos de senti-los, reprimimos também os sentimentos positivos, como o entusiasmo, o amor, a alegria e a paixão. É mais ou menos como tomar antibióticos: eles destroem as bactérias ruins em nosso corpo, mas também destroem as bactérias benéficas, pois agem indiscriminadamente. Os médicos mais esclarecidos recomendam que tomemos acidófilos com os antibióticos para reconstituir as boas bactérias; infelizmente, porém, não existe um acidófilo para o Espírito.

Quando reprimimos os sentimentos negativos, quando paramos de senti-los, reprimimos também os sentimentos positivos, como o entusiasmo, o amor, a alegria e a paixão.

Quando desligamos os sentimentos negativos, desligamos tudo, sentimentos bons, ruins, belos, feios. Ficamos entorpecidos, e esse é o caminho da indiferença. Nossos dias são dedicados a "passar o tempo", "sobreviver" ou "dar um jeito".

A cura para a indiferença é a paixão. Pergunte a si mesmo: "Eu parei de me importar? De sentir? Estou deixando de dar o devido valor ao amor, à amizade e à bondade? Estou me escondendo atrás da máscara da indiferença? De quem estou fugindo? Posso demonstrar meu êxtase?" Olhe para si mesmo e, depois, olhe a seu redor. Você consegue identificar outras pessoas que tenham optado pelo caminho da indiferença? A verdade é que, quanto mais sagrados nos tornamos, mais sentimos a dor de nossos companheiros, os seres humanos. Quando mais sentimos, mais nos conectamos à nossa paixão.

Livre-se da culpa. Concentre-se no futuro, concentre-se no acordar. Vamos assumir a responsabilidade por escolhermos o caminho consciente, por sermos sinceros com nossa paixão, nosso Eu verdadeiro. Como? Tomando consciência de como nos sentimos, questionando, falando a verdade que está dentro de nossos corações, tocando nossa própria música.

Interesse-se pelas pessoas quando elas falarem com você, elas têm um presente para lhe dar. Interesse-se pela grama, pelo barulho do vento e pelo azul perfeito do céu. Há sempre um presente esperando por você. A verdade é que o Universo deseja que você faça parte dele, que você sinta profundamente a paixão que pulsa no mais profundo de seu ser. Abra seu coração: somente então seu Espírito decidirá levantar-se da cama para se juntar à raça humana. Somente então você será capaz de abraçar a paixão que é sua por direito.

AUSÊNCIA PSÍQUICA

Meu isolamento era pungente... Eu não estava morta, eu não estava viva: estava em suspensão, numa experiência de quase vida.
SARA BAN BREATHNACH

A pessoa que cortava os cabelos de minha filha era sem vida. Havia um peso, uma indescritível tristeza naquela mulher. Ela arrastava os pés, não queria estar ali. Pensei: "Talvez seja o trabalho. Talvez tenha enfrentado muitos clientes grosseiros e mal-agradecidos." Minha filha ficou feliz ao ver o resultado do corte. Quando saímos, fizemos questão de repetir várias vezes, para que todos ouvissem, que estávamos muito satisfeitas com o trabalho realizado. Um sorriso pálido surgiu nos lábios dela, mas logo desapareceu.

Voltei para casa pensando naquela mulher. Fiquei imaginando se ela estava triste por ter perdido alguém a quem amava ou se sua indiferença era um sintoma de que estava farta do trabalho ou mesmo da vida. Será que alguma coisa seria capaz de lhe trazer alegria? Fiquei triste por ela. Queria poder lhe dizer que ela era linda, magnífica e uma excelente cabeleireira. Queria dizer a ela que a vida é preciosa e que nós temos o poder de recriá-la, a despeito de todos os problemas que tenhamos enfrentado. Em vez disso, fiz uma prece para que ela pudesse curar-se daquele peso no coração.

Há muitos motivos pelos quais nos desligamos. Alguns indivíduos ficam de luto pela morte de um ente querido, outros não sabem lidar com os desafios da vida; alguns perderam a conexão com a própria Fonte, outros reabriram cicatrizes do passado; alguns estão sozinhos e deprimidos; outros estão simplesmente cansados de tudo. Quando nós optamos pelo caminho da indiferença, nos tornamos psiquicamente ausentes. Estamos presentes de corpo, mas nossa alma está escondida; fazemos o que precisamos fazer, mas perdemos a alegria, o sentido da vida.

Eu nunca havia visto tamanha falta de paixão, tamanha ausência psíquica, principalmente nos últimos dez anos. Um dos maiores problemas atuais é a falta de motivação: as pessoas acordam de manhã e vão trabalhar, mas deixam em casa a melhor parte de si mesmas, sua paixão, seu entusiasmo e sua criatividade, em resumo, seu Espírito. "Meu trabalho não é mais curar as pessoas", disse-me uma amiga, com triste resignação, quando nos encontramos para um café, dias atrás. "Hoje, tem a ver com dinheiro." Ela ficou olhando para o nada. "Sabe, Grace, comecei a trabalhar na área da saúde porque me importava com as pessoas. Mas aqueles canalhas foram me sugando aos poucos. Acho que não me importo com mais nada."

Acabei de saber que o marido de uma de minhas clientes foi despedido. Ele é engenheiro e dedicou vinte anos de sua vida à empresa em que trabalhava, uma multinacional ligada à área de aeronáutica. Foi demitido sem nenhum aviso, sem um pingo de compaixão. Seis funcionários mais velhos foram chamados ao escritório do gerente geral, onde foram informados que seus serviços não eram mais necessários; deveriam esvaziar suas mesas e ir embora, acompanhados do oficial de segurança. Essas brutalidades empresariais acontecem por todo o mundo. Já ouvi histórias semelhantes contadas em seminários que realizei na Austrália, Nova Zelândia e Reino Unido. O sentimen-

to que me passam é sempre o mesmo: "Não é o que me fizeram, mas a maneira como foi feito." Orientadores, terapeutas, treinadores e empresas especializadas em recolocações no mercado ainda estão ajudando a recolher os pedaços que restaram dessas vidas destruídas.

Há alguns anos, conversei com alguns administradores hospitalares que se recusaram a realizar um curso de gerenciamento de estresse para as enfermeiras, durante um difícil período de "reengenharia", porque, segundo eles, "Elas são enfermeiras, já devem saber como lidar com o estresse!" Embora seja verdade que a maioria das pessoas saiba o que fazer em situações de tensão, o problema é que muitos indivíduos são levados ao extremo em seus locais de trabalho, e a resistência ao estresse acaba ficando comprometida. Tais indivíduos perdem a capacidade de recuperação, bem como os recursos e a energia para restaurar as forças. O resultado: completa falta de energia psíquica.

Alguns estudiosos acreditam que essa ausência ou falta de envolvimento psíquico é resultado de uma abordagem administrativa descendente. Esse estilo de gerenciamento diz às pessoas o que fazer, subestima, em vez de envolver o Espírito humano. O gerenciamento descendente baseia-se em certas crenças patriarcais que partem dos seguintes princípios: (1) os administradores são mais capazes que os outros funcionários, motivo pelo qual as informações vêm de cima para baixo; (2) as pessoas precisam ser controladas porque, afinal de contas, são uma mercadoria; (3) negócios são um jogo; e (4) o lucro depende de como você marca os pontos. Essas posturas não facilitam a atitude de levar a alma ao local de trabalho.

Outro motivo para a ausência psíquica no trabalho pode ser a falta de confiança que sentimos em nossos relacionamentos profissionais. "Ninguém é próximo hoje em dia", reclamam comigo os clientes nas sessões de treinamento. "Desde a reestruturação, a confiança acabou." Quando não existe confiança, não existe relacionamento, a traição domina, as pessoas se separam e não conversam mais umas com as outras. Essa alienação tem sido incentivada pela tecnologia. Por que andar por todo o corredor para falar com o chefe ou com um colega quando temos o e-mail? A informação corre rapidamente, mas, em geral, através de uma máquina, em vez da presença física. Se você não sente que formou vínculos com seus colegas de trabalho, você está deixando a paixão em casa.

O ONIPRESENTE PROBLEMA DO ESTADO DE ÂNIMO

No final, a indiferença nos rouba nossa maior força, nossa maior proteção e nossa maior bênção: o amor e a paixão abundantes que vivem em nosso coração.
BARBARA DE ANGELIS

No trabalho que faço com empresas, a motivação dos empregados é um tema de grande importância. O pedido mais comum que recebo de líderes empresariais é: "Você poderia fazer alguma coisa sobre o problema da disposição de ânimo?" Quando as pessoas se sentem como mercadorias, desvalorizadas e desconsideradas, o Espírito humano se fecha, a paixão fica em casa, nossas luzes se enfraquecem. Ficamos insensíveis, produzimos resultados medíocres. O trabalho é um mero emprego, um meio de pagar as contas.

Se houver apatia em um aspecto de nossas vidas, ela tende a se alastrar para outras áreas. A vida é um todo indivisível; mesmo que não percebam, muitas pessoas levam para casa os problemas do trabalho, permitindo que o estresse e a negatividade afetem suas vidas pessoais. A ausência psíquica domina todas as áreas da vida. Há pessoas que se tornam deprimidas e nem se dão conta disso. A depressão é uma doença que afeta um número cada vez maior de seres humanos, todos os dias. Vinte e quatro milhões de pessoas fazem uso do antidepressivo Prozac. Estamos anestesiando nossos sentidos para poder lidar com um mundo onde não existe paixão.

Ouça como as pessoas falam do trabalho que fazem. "Não acredito que já é segunda-feira outra vez!" "Esse emprego está me matando." "Tomara que a sexta-feira chegue logo." "Não vejo a hora de sair daqui." "Ainda tenho de agüentar cinco anos para me aposentar." Resultados de uma pesquisa anual do Instituto Gallup revelaram que 80% dos empregados odeiam voltar ao trabalho às segundas-feiras, e a maior incidência de ataques cardíacos e derrames acontece entre 8 e 9 horas da manhã de segunda-feira. Se percebemos que o corpo vai ter problemas, por que deixar isso acontecer numa sexta-feira, quando temos o fim de semana inteiro pela frente? A raiz da palavra "empregar" vem do latim *implicare*, que quer dizer "envolver-se". E estar envolvido hoje em dia significa muito mais que segurança e um ordenado.

Ao contrário do que se acredita, as pessoas vão para o trabalho para alimentar a alma, para se sentirem conectadas, para aumentar o amor-próprio, para aprender, para se divertir e para contribuir com algo maior que elas mesmas. Precisamos mudar o foco e pensar no trabalho como uma contribuição de nossos verdadeiros dons, um veículo de auto-expressão, uma forma de alinhar nossa paixão e nossos propósitos e, finalmente, um veículo de evolução espiritual e de cura para o planeta. Algumas coisas precisam ser mudadas. A boa notícia é que as coisas estão mudando. Um despertar espiritual está em andamento – acredite, até mesmo no mundo dos negócios.

> As pessoas vão para o trabalho para alimentar a alma, para se sentirem conectadas, para aumentar o amor-próprio, para aprender, para se divertir.

Muitos líderes empresariais com quem trabalhei, seja no setor público ou privado, não apenas acreditam na saúde física, mental e espiritual de seus funcionários, mas também desejam investir nisso. Eu sempre me impressiono com esses corações valentes, que é como eu os chamo. Sua atitude me traz muitas esperanças. Eles estão abrindo o caminho para o Espírito nos locais de trabalho, estão se dedicando a trazer um significado e uma paixão mais profundos à vida diária.

UM EXERCÍCIO ÚTIL: POR QUE VOCÊ VAI TRABALHAR?

Quando trabalhamos sem paixão, ficamos exaustos em pouco tempo.
BARBARA DE ANGELIS

Por que você trabalha? Faça a si mesmo essa pergunta. Liste todos os motivos que o fazem sair de casa para ir trabalhar e, depois, avalie cada um deles. É devido a um Motivador Externo (ME) ou a um Motivador Interno (MI)? Entre os motivadores externos, estão: pagar as contas, oferecer a meus filhos uma boa escola particular, comprar uma casa maior. Os internos podem ser: contribuir com meu talento, fazer amizades, ajudar as pessoas, seguir minha vocação. As razões que o levam a realizar seu trabalho são pessoais e totalmente individuais; sua avaliação dependerá de seus filtros e de sua interpretação. Não se preocupe muito em interpretar os motivos; se tiver dificuldades para decidir se o motivador é interno ou externo, provavelmente os dois fatores estão agindo ao mesmo tempo. Isso pode acontecer. Para experimentar satisfação no trabalho e na vida, precisamos cultivar um equilíbrio entre os motivadores internos e externos. Se estiver obtendo um número grande de MEs, pode ser que não haja nenhuma alegria nesse trabalho e que ele seja apenas um meio de alcançar um objetivo. Você pode estar psiquicamente ausente, levando apenas o corpo ao local de trabalho; se for uma atividade temporária, tudo bem, mas, caso contrário, pense na possibilidade de mudar. Talvez você precise refletir um pouco; os exercícios do capítulo 3 e deste capítulo irão ajudá-lo a definir e aperfeiçoar quem você é e que dons você tem para oferecer ao mundo. Enquanto isso, explore o horizonte para descobrir oportunidades adicionais. Elabore um plano.

Por outro lado, se você só tiver MIs, pode ser que o trabalho esteja comandando sua vida. Você está em desequilíbrio; todas as suas necessidades emocionais são preenchidas no trabalho, por isso você não precisa de uma vida pessoal. Indivíduos que têm apenas MIs acabam ficando exauridos; eu sei disso por experiência própria.

Como produtora de um programa de rádio sobre atualidades, eu trabalhava de doze a quatorze horas por dia, mas não me importava. Eu adorava o que estava fazendo e extraía dali uma gigantesca autovalorização. Uma noite, meu marido foi ao estúdio para me levar comida e eu não consegui levantar-me da cadeira: era como se cada músculo de meu corpo estivesse travado. Passei duas semanas de cama, recuperando-me de espasmos musculares agudos e ainda fui obrigada a tirar mais um mês de licença do trabalho, pois estava fisicamente exaurida.

Quando amamos o que fazemos, costumamos permitir que o trabalho domine nossa vida. Deixe que os MEs e os MIs abram seus olhos. Para manter-se saudável, mantenha um equilíbrio.

LEVANDO A PAIXÃO PARA O TRABALHO

A paixão não vem dos negócios, dos livros, nem da ligação com outra pessoa. Ela é uma ligação com sua própria força de vida, com o mundo que o rodeia e com o espírito que liga todos nós. Você é a fonte.
JENNIFER JAMES

Sem paixão pelo trabalho, perdemos os meios de descobrir nosso propósito. Sem propósito, nossa vida não tem sentido. Uma vez que grande parte de nossa identidade vem do trabalho, é importante para nosso bem-estar emocional, psicológico e espiritual que nos tornemos mais apaixonados pelo que fazemos, além de mais envolvidos. Infelizmente, uma idéia equivocada e muito comum é a de que só nos apaixonamos por certas profissões e que outras são apenas "empregos" que nos permitem pagar as contas.

"Ter paixão é fácil para você", disse-me uma participante de um grupo de estudos. "Seu trabalho é fascinante, você viaja pelo mundo inteiro com seus seminários e grupos de estudo. A maioria das pessoas aqui tem trabalhos desinteressantes." Conheci pessoas apaixonadas por empregos que eu não gostaria de ter, como o encanador que veio nos ajudar quando nosso porão inundou, há alguns anos.

> Uma idéia equivocada e muito comum é a de que só nos apaixonamos por certas profissões e que outras são apenas "empregos" que nos permitem pagar as contas.

Meu marido o descobriu nas páginas amarelas. Antes de sair para dar aulas no curso noturno, ele me avisou que alguém viria perto das 19 horas; quando abri a porta, vi-me diante de um homem de 1,80 m de altura, com cabelos longos, oleosos e barba descuidada. Ele estava usando uma camiseta branca e suja, com um maço de cigarros preso a uma das mangas, como fazia James Dean; as calças jeans eram velhas, sujas e surradas. Seus braços estavam cobertos de tatuagens. Ele sorriu e disse: "Oi, eu sou o Jack. Vocês estão com problemas no encanamento, certo?" Foi nesse momento que percebi que ele não tinha todos os dentes da frente. "Esse cara existe mesmo?", pensei. Mas havia uma aura de verdade ao redor dele.

Levei-o ao porão inundado e, lá, toda a maestria daquele homem começou a emergir. Ele tentou várias soluções, ao mesmo tempo em que impedia que o problema se alastrasse; parecia em transe e trabalhava como se fosse uma máquina. Fiquei observando, impressionada; meus filhos também estavam fascinados. Finalmente, ele se levantou. "Vou ter de pegar o cabo de aço lá na caminhonete. Olha, se isso não resolver, acho que a senhora está com um problema mais sério do que eu pensava e não vou dar conta dele. Mas o cabo geralmente dá um jeito." Dizendo isso, ele subiu as escadas correndo. Fui atrás dele e, ao chegar lá fora, percebi que havia uma mulher no banco do carona da caminhonete; ele pegou o tal cabo de aço e, quando lhe perguntei sobre a mulher, ele disse: "Aquela é a minha namorada. É que eu acabei de pegar ela no trabalho." Aparentemente, ir lá em casa para consertar o encanamento era mais urgente que levá-la para casa.

De volta ao porão, estávamos Jack, meus dois filhos pequenos, eu e o cabo de aço. Mais uma vez, ficamos admirando aquele homem com enorme fascinação. O cabo entrava e saía, mas o cano continuava entupido; então, Jack fez algo que quase me fez vomitar. Ele enfiou o braço inteiro no cano de esgoto para sentir melhor o problema; puxou dali um enorme pedaço de alguma coisa indescritível e olhou para mim com enorme satisfação. "Olha só, raízes. Descobri seu problema!", anunciou ele, com satisfação. A sua voz parecia a de um homem que acabara de ganhar um milhão de dólares. Até hoje eu me impressiono com o entusiasmo de Jack, sua energia, ardor e habilidade.

Em resumo, o homem era apaixonado por canos entupidos; bem, eu não gostaria nem um pouco de ficar enfiando meus braços nos canos de esgoto dos outros, mas posso dizer que Jack nasceu para esse trabalho. Ele se sentia orgulhoso, amava aquela função. O que quero demonstrar é que podemos nos apaixonar por qualquer coisa; se as outras pessoas acharem que é uma atividade nojenta, sem importância ou monótona, não tem a menor importância. O que realmente importa é a atitude que trazemos para nosso trabalho.

Meu pai está aposentado, mas sempre foi apaixonado por motores. Seus olhos brilham quando alguém lhe traz um motor com defeito para ser consertado, ele adora o desafio de desmontá-lo e descobrir o problema.

Meu pai pode passar horas trabalhando em seu trator, esquecendo-se até de comer ou de voltar para casa. Minha mãe é apaixonada por seu pomar e seu jardim. Na última vez em que esteve na Itália, no enterro do pai, ela trouxe uma minúscula muda de nogueira do jardim. A muda cresceu e tem hoje mais de 20 metros de altura, produzindo uma grande quantidade de nozes todos os anos. Para minha mãe, aquela árvore é sagrada, pois carrega o Espírito de seu pai. Todas as vezes em que ela descobre um novo galho, uma nova muda, diz que é um dos filhos da árvore original.

Essa é a paixão que levamos conosco ao trabalho, a nossos relacionamentos, à nossa vida diária. Estar apaixonado é ter uma atitude e uma energia em nosso interior, é como um sol que brilha eternamente para a alma. Esse tipo de paixão está nos olhos de quem a vê, não é um ingrediente mágico intrínseco ao trabalho; não existem trabalhos apaixonantes, mas pessoas apaixonadas. A fonte da paixão é você, a atitude que você leva a seu trabalho é que traz paixão à experiência de realizá-lo.

Talvez você esteja pensando que não existe nenhum jeito de apaixonar-se pelo trabalho que realiza hoje; pode ser que você esteja na área certa, mas trabalhando demais. Talvez ame algumas partes do trabalho, mas não ame outras, talvez ame as pessoas, mas deteste a estrutura. Talvez goste de seu chefe, mas odeie a ética da empresa; pode ser que haja a necessidade de alguns ajustes, mas isso não é problema. Todos merecem ouvir a própria música tocada com as 88 teclas: se você estiver tocando sua música com menos teclas neste momento, talvez seja hora de reconectar-se a seus propósitos. A paixão pode conduzi-lo até lá.

SUA PAIXÃO ESTÁ LIGADA A SEU PROPÓSITO

Eu quero ter sido completamente consumido quando morrer... Para mim, a vida não é uma vela efêmera, é uma tocha esplendorosa que tenho nas mãos por algum tempo e quero fazê-la queimar com o maior brilho possível, antes de passá-la às futuras gerações.
GEORGE BERNARD SHAW

Paixão significa sua conexão com um quê, algo, uma pessoa, lugar ou atividade que despertam o que há de melhor em você. É um elo sagrado com seu mais profundo Eu, sua própria força de vida, é uma ligação com o Espírito, com Deus, com a Energia Universal. Suas paixões são aquilo que você ama, e o que você ama define sua pessoa. São suas paixões, e não sua conta bancária, que dizem ao mundo quem você é. Ao conectar-se à sua paixão, você permanece verdadeiro e fiel a si mesmo. A paixão nos ensina a viver.

> São suas paixões, e não sua conta bancária, que dizem ao mundo quem você é.

Nós somos mais do que aquilo que fazemos para conseguir o pão de cada dia. A verdade é que, para algumas pessoas, o que elas fazem no trabalho não chega nem perto do que elas realmente são, é apenas uma parte de sua história. Imagine que você estude o movimento dos planetas ou os hábitos de acasalamento dos gorilas, ou imagine que você passe a maior parte do dia trocando pneus, preparando sanduíches, escrevendo relatórios, fazendo vendas por telefone, construindo estradas ou consertando encanamentos. Você é apenas isso? Essas atividades podem definir seu emprego, mas podem não ser seu propósito ou podem ser os dois ao mesmo tempo. Como ter certeza? Propósito tem a ver com significado, e o significado está ligado à paixão.

Uma de minhas histórias favoritas é sobre três pedreiros que estão procurando trabalho. Durante uma entrevista, o potencial patrão pede que eles descrevam o que fizeram em seu último emprego. O primeiro deles diz que assentou tijolos: "Foi isso o que eu fiz o dia inteiro. Peguei tijolos e cimento e fui montando as camadas." Então, o entrevistador faz a mesma pergunta ao segundo pedreiro, que responde: "Eu levantei paredes; fui para onde precisavam de mim e construí paredes." Finalmente, o entrevistador pergunta ao último pedreiro: "O que você fez em seu último emprego?" O pedreiro sorri e faz uma pausa para reflexão. Depois, com um brilho nos olhos, responde: "Construí uma catedral."

Se seu trabalho é seu chamado, se é realmente sua vocação, seu propósito, então você está construindo catedrais todos os dias, seja qual for o tipo de tarefa à qual se dedique. Sua habilidade de conectar-se ao cenário mais amplo é o que alimenta não apenas o significado de seu trabalho, mas o orgulho que sente por realizá-lo. Você consegue enxergar a catedral que está construindo ou sente que, no fim do dia, tudo o que fez foi assentar tijolos ou levantar paredes?

Alguns líderes estão ajudando suas equipes a ligar-se ao cenário mais amplo, compartilhando com seus auxiliares os valores e a declaração de missão da empresa. Entretanto, descobrir o significado e o propósito no trabalho é responsabilidade sua. Para aqueles que não sabem a diferença entre propósito, significado, missão e destino, é suficiente dizer que a paixão faz parte de todos eles. Nossas paixões nos definem e apontam para nosso destino, e também nos dão motivos para caminhar. Abraçar fortemente as nossas paixões estimula a ação. A paixão não vem da cabeça, mas do coração: você sente quando não está no emprego certo, você sente quando não está com a pessoa certa, você sente quando traiu sua alma. É hora de prestar atenção nesses sentimentos.

ENTRANDO EM CONTATO COM SUAS PAIXÕES

Eu digo: siga sua alegria, não tenha medo e portas irão se abrir em lugares onde você não imaginaria que elas estivessem.
JOSEPH CAMPBELL

Ótimo. Você está convencido de que deseja viver a vida com mais paixão, mas como vai tirar a máscara da indiferença? Talvez esteja pensando: "Quero me conectar às minhas paixões, mas como fazê-lo?" Muitas pessoas me fazem essa mesma pergunta em minhas apresentações. Aqui estão cinco questões que irão ajudá-lo a reconhecer suas paixões:

1. QUAIS SÃO SEUS AMORES?

Descobrir o que desperta sua paixão poderá ajudá-lo a esclarecer quem você é. No século 19, o filósofo alemão Friedrich Nietzsche disse: "Seu verdadeiro eu não se esconde em seu interior, mas está consideravelmente acima de você. A questão que devemos perguntar a nós mesmos, olhando para tudo o que já vivemos, é: 'O que eu realmente amei?'" Bem, o que você ama? O que faz seu coração bater forte? Siga sua alegria, disse Joseph Campbell. Qual é sua alegria? Quando você se sente verdadeiramente feliz? Experimente coisas diferentes até descobrir o que você ama e, então, invista nisso com toda a força, não se reprima. Que atividade o deixa animado e apaixonado, que atividade faz o tempo voar quando você a realiza?

Pegue seu diário ou um caderno e desenhe um coração no meio da página. Dentro dele, escreva "Minhas paixões". Depois, faça linhas saindo desse coração; nessas linhas, escreva suas paixões, seus amores. Pergunte-se: "O que me faz feliz? O que me emociona? O que me entusiasma? O que faz meu espírito elevar-se?" Suas escolhas podem ser coisas palpáveis, como comida italiana, palmeiras, chocolate, seus filhos, seu automóvel, seu gato ou coisas como dias de chuva, justiça, um belo pôr-do-sol, idéias, manhãs de domingo. À medida que for escrevendo, vá se perguntando: "O que eu amo? O que me importa? Qual é minha alegria?"

Você começou a jornada em direção às suas paixões. A verdade é que, uma vez que nos comprometemos com nossas paixões, as portas se abrem. É uma daquelas leis da vida: faça o que ama e o dinheiro virá. Siga sua alegria e as portas irão se abrir. Dê o passo e a ponte estará lá.

2. QUAIS SÃO SEUS SENTIMENTOS MAIS INTUITIVOS?

Os sentimentos mais intuitivos têm salvado vidas, descoberto curas e tornado indivíduos ricos; podem vir como um palpite, um raio, uma sensação de certeza profunda. O problema é que muitas pessoas desligam a própria intuição para favorecer algo mais lógico ou racional. Mas os sentimentos são sagrados, são um barômetro interno que mede o que é realmente importante. Mergulhe em seu interior e ouça. Anote o que perceber. Seja amigo de seus sentimentos. Os sentimentos intuitivos são um toque nas cordas do coração. Eles podem chegar como um palpite, um presságio, sem sabermos exatamente por quê. Esses sentimentos vêm do mais profundo do ser, precisamos aprender a ouvi-los, a prestar atenção a eles e a aprender com eles. Não é suficiente saber o que fazer para dar o passo, é preciso sentir nas entranhas. Os sentimentos nos impelem a agir como crianças quando amamos. Eles são a inspiração que nos dá o poder de assumir todos os riscos, eles nos forçam a agir.

O conhecimento é fraco em comparação com os sentimentos. Pense em tudo o que você já sabe que deveria estar fazendo, como, por exemplo, comer menos alimentos gordurosos, fazer mais exercícios físicos, dormir mais, passar mais tempo com os filhos. Todos nós sabemos que fumar faz mal à saúde, mas o simples fato de saber isso não basta para nos fazer agir. Muito raramente o conhecimento por si só é suficiente para nos motivar a promover as mudanças que farão nossas vidas andarem para a frente.

3. QUANDO VOCÊ SE ENTUSIASMA?

Ralph Waldo Emerson disse uma vez que nada realmente importante jamais foi alcançado sem entusiasmo. Mas o que é entusiasmo? Como vimos no capítulo 3, a raiz de "entusiasmo" é *entheos*, que significa "repleto de Deus" ou "Deus interior". O entusiasmo vem lá de dentro, do poço da paixão, e é sagrado. Quando você o experimenta, é porque sua alma está falando e você sente uma energia e júbilo intermináveis. Estudos têm revelado que as pessoas com maior entusiasmo têm sistemas imunológicos mais resistentes devido ao fato de serem mais intensas na vida.

Quando você perceber que está entusiasmado por algo, preste atenção! Seu propósito está nas redondezas. Bill Gates, co-fundador da Microsoft, costuma dizer: "O que eu faço melhor é dividir meu entusiasmo." Se você se entusiasma por algo, sua energia tende a ser contagiosa: você atrai as pessoas para aquilo de que gosta, motiva uma equipe, uma comunidade. Escolas de gerenciamento estão tentando ensinar entusiasmo a nossos futuros líderes. O mundo precisa de mais entusiasmo, pois, onde ele estiver, a paixão também estará.

4. O QUE O INSPIRA?

Nós fomos treinados até a exaustão, temos habilidades suficientes para resolver todos os problemas do mundo. O que nos falta é inspiração: quando estamos inspirados, nós agimos. Para nos aproximarmos de nossas paixões, precisamos acionar nossas inspirações.

A palavra "inspiração" deriva do verbo latino *inspirare*, que significa "inalar". Segundo os dicionários, inspiração é uma influência divina que aumenta a criatividade dos poetas e que, segundo a crença cristã, teria dirigido os autores dos livros da Bíblia. Algumas vezes, quando estou diante de uma platéia, fico impressionada ao me ver dizendo coisas que não havia planejado ou que nem tinha consciência de que sabia; então, mais tarde, alguém vem me dizer o quanto aquela história, exemplo ou metáfora foi importante. Quando estamos realizando o trabalho de nossas vidas, não precisamos de grandes esforços, pois somos visitados pela musa da inspiração. Deus está dentro de nós. Quando você é visitado pela musa da inspiração, é abençoado com um gênio criativo. A criatividade fertiliza a alma.

O trabalho, em geral, é muito repetitivo, maçante e sem significado. Por outro lado, os seres humanos nasceram para criar; quando nosso Espírito criativo é reprimido, ele se rebela. O Espírito individual anseia por ser despertado e libertado. Por sua própria natureza, a inspiração é transformadora, suas dádivas são a vitalidade de Espírito e a paixão. Assim como acontece com a paixão, a inspiração também nos estimula a agir. Eu sei disso por experiência própria: sou capaz de produzir mais em uma hora, quando estou inspirada, do que em duas semanas, quando não estou. Em resumo, quando estamos inspirados, nós agimos, quando não estamos, deixamos para depois. A inspiração também alimenta o desejo. Muitas pessoas querem melhorar a vida; elas sabem o que fazer e têm a competência necessária, entretanto não têm desejo. É por isso que a inspiração é tão poderosa, pois nos dá força e motivação.

Muitas pessoas querem melhorar a vida; elas sabem o que fazer e têm a competência necessária, entretanto não têm desejo.

Em seu diário, faça uma lista de tudo o que o inspira. Depois, pergunte-se: "O que posso fazer hoje para inspirar meu coração e dar mais um passo para atravessar a ponte?" Por exemplo, eu sabia que desejava escrever este livro, mas tentar fazê-lo de uma vez só me parecia uma tarefa gigantesca, principalmente porque eu não podia deixar de cumprir minhas responsabilidades familiares. Mesmo assim, sempre que sentia meu coração transbordar de inspiração, pegava meu diário e anotava o que sentia, talvez uma ou duas idéias. A inspiração costumava vir depois de assistir a um bom filme, ler histórias sobre coragem e fé, admirar um belo nascer do sol numa praia, ouvir uma bela música, ter uma conversa enriquecedora com meus amigos ou realizar um excelente seminário. Nunca desperdicei inspiração. Você pode achar que idéias soltas não formam um todo significativo, mas elas acabaram dando origem ao livro que você agora está lendo.

5. QUE SINCRONICIDADES VOCÊ JÁ EXPERIMENTOU?

O termo "sincronicidade" foi criado pelo psicólogo Carl Jung para expressar coincidências que não são apenas meros acasos, mas que têm um significado.

Acredito que as sincronicidades podem nos conduzir às nossas paixões ou propósitos mais elevados, como acontece com aquele livro sobre o qual você ouviu falar, mas não leu, e que está sempre aparecendo diante de seus olhos, aonde quer que você vá. Na livraria, ele cai da prateleira bem à sua frente. Você vai almoçar com uma amiga e o sujeito sentado à mesa ao lado o está lendo; você chega em casa e vê o livro sobre a mesa. Estaria o Universo lhe enviando uma mensagem? As sincronicidades marcam expressivos pontos de transição em nossas vidas e nos apontam a direção de nossos propósitos. Precisamos confiar nas mensagens que se ocultam nas sincronicidades e prestar atenção a elas, sempre que acontecerem.

Nós tendemos a conhecer a pessoa "certa", ler o livro certo, ouvir a música certa ou ir ao seminário certo quando estamos abertos à nossa experiência espiritual e ao nosso verdadeiro chamado. Essas sincronicidades acontecem o tempo inteiro a pessoas que estão ligadas em sua alta freqüência. Algumas vezes, em meus seminários, as pessoas me dizem: "Sabe, eu nem estava inscrita neste evento. Então, minha amiga ficou doente e eu vim no lugar dela. E agora percebo que era eu quem deveria estar aqui hoje, em vez dela." Para outras pessoas, a sincronicidade está na escolha do momento. O Espírito está sempre nos conduzindo pela mão.

As sincronicidades também acontecem quando você ouve seu coração ou age seguindo a intuição. Uma vez, eu estava escrevendo sobre os

pingüins imperadores da Antártida, para ilustrar a importância que o trabalho em equipe desempenha no sucesso. Embora minhas lembranças fossem vagas, fiquei muito emocionada com a história desses animais, que vira na televisão, alguns anos antes. Estava escrevendo a partir dos poucos fatos dos quais ainda me lembrava.

Num determinado dia, falei com várias pessoas ao telefone, mas somente quando estava conversando com meu amigo John McCormick ouvi uma voz interior que me dizia: "Comente com ele a história dos pingüins." E assim fiz. Contei para ele como estava frustrada por não ter mais tempo para buscar informações sobre essas interessantes criaturas. Naquela mesma noite, quando chegou em casa, John abriu a caixa de correio e encontrou ali o número mais recente da revista **National Geographic**. Na capa, havia uma fotografia de alguns pingüins imperadores, a reportagem de capa daquele mês! Ele ficou surpreso, e eu também, mas esse é o poder do Mistério divino atuando em nossas vidas.

A mais incrível sincronicidade que vivi tem a ver com o nome de minha filha. No verão que se seguiu a meu primeiro ano de faculdade, consegui um emprego no parque de rodeios Calgary Stampede. Conheci muitas celebridades e profissionais da mídia naquele verão, entre eles, uma jornalista da Escandinávia. Ela era bonita e inteligente e senti uma ligação instantânea com aquela moça. Seu nome era Kajsa (pronuncia-se "caissa"). Eu nunca ouvira aquele nome antes, mas achei lindo e fiz uma anotação mental de que, se algum dia eu tivesse uma filha, daria a ela esse nome.

Mais tarde, no outono, conheci o homem com quem iria casar-me. Ele era formado em matemática e apaixonado pelo jogo de xadrez. Possuía uma biblioteca sobre o assunto, com centenas de livros; o xadrez era sua grande paixão e ele viajava por todo o país, participando de campeonatos. Nem preciso dizer o quanto ele levava o jogo a sério. Vários anos depois, na verdade, quando já estávamos fazendo planos de casamento, começamos a conversar sobre nomes de filhos. "Não escolhi nenhum nome de menino", disse eu, "mas, se tiver uma menina, existe um que eu adoro."

"É mesmo?", perguntou ele. "E que nome é esse?"

"Kajsa", respondi.

Nunca vou me esquecer do olhar de surpresa nos olhos dele. "Grace, Kajsa é a deusa do xadrez!"

Isso foi em maio de 1982. Exatamente dez anos depois, fomos abençoados com uma linda menina. É claro que a chamamos de Kajsa. E, como o pai, ela ama o xadrez. Já participou de alguns torneios e gosta de intimidar os oponentes, em sua maioria do sexo masculino, deixando que saibam que recebeu o nome da deusa do xadrez.

Sincronicidades, coincidências sagradas, algumas vezes nos vêm como se fossem oráculos de Delphi nos dizendo o que fazer. Elas trazem alguma mensagem e nos atingem de surpresa. As sincronicidades são parte da linguagem das pessoas que estão amando. Os apaixonados anseiam por estar juntos todo o tempo e, quando não podem fazê-lo, as sincronicidades estão ali para preencher o vazio. Por exemplo, você conversa com uma estranha no banco e, acidentalmente, descobre que ela faz aniversário no mesmo dia que a pessoa que você ama; você está dirigindo e os algarismos da placa do carro da frente somam a idade que ela vai fazer; o restaurante que você escolhe para almoçar está servindo o vinho favorito dela, e assim por diante.

As sincronicidades trazem significado à nossa vida. Elas nos lembram que existe um Mistério em atividade que nós, muitas vezes, não compreendemos, mas que, se prestarmos atenção, pode nos levar a um propósito maior.

MANTENDO VIVA A PAIXÃO NA VIDA DIÁRIA

Precisamos viver cada momento sem restrições, com todos os nossos sentidos, encontrando prazer na fragrância de um jardim, no desenho de uma criança de 6 anos, na encantadora beleza de um arco-íris.

BÁRBARA BARTOCCI

Quando você for a uma festa, espere até que lhe façam a inevitável pergunta: "Em que você trabalha?" Então, saia da rotina e responda: "Em vez disso, vou lhe falar sobre aquilo que me apaixona." Não queira saber das pessoas em que elas trabalham porque isso não define quem elas são. Em vez disso, pergunte: "Quais são suas paixões? O que você ama? O que o seduz?" É arriscado. Mas experimente fazê-lo, vale a pena ser audacioso. Se receber em troca olhares esquisitos, eu assumo a culpa.

> Quais são suas paixões? O que você ama? O que o seduz?

Em meus grupos de estudo, levo um coração macio e fofo e o jogo para a platéia: quem o pegar deve levantar-se e revelar uma de suas paixões. Fico surpresa ao ver como as pessoas adoram falar sobre isso. E observo algo mais: quando as pessoas falam de suas paixões, seu comportamento muda totalmente, elas se suavizam, seus olhos brilham no momento em que se lembram de quem são e do que lhes traz alegrias.

EMBELEZE SUAS PAIXÕES

Há cinco anos, quando nos mudamos para a casa onde moramos hoje, fiz algo que nunca havia feito antes: caí de amores pelos pincéis. Uma noite, na verdade, de manhã bem cedo, enquanto todos ainda estavam dormindo (menos os aspirantes a Michelangelo como eu), pintei várias palmeiras nas paredes de meu banheiro. Eu sempre amei a forma das palmeiras; quando criança, vivia desenhando essas árvores. No final, pintei um enorme coração com o símbolo do infinito logo acima, para saudar meu marido todas as manhãs. Até hoje, sempre que entro no banheiro, as palmeiras e o coração ainda me emocionam, são um testemunho de minha paixão.

Em meu escritório, em vez de usar um tecido tradicional para a sanefa acima das janelas, optei por glicínias cor de malva, feitas de seda, dependuradas, como cachos de uvas maduras, e são encantadoras. Quem disse que não posso usá-las como sanefas? Tenho a certeza de que algum perito em *feng shui* diria que fiz tudo errado, mas não me importo. Quando você entra no banheiro ou no escritório, logo sente o tipo de pessoa que eu sou. Mais importante ainda, quando estou lá, sei quem sou.

Embeleze suas paixões! Olhe a seu redor. O que você sempre desejou fazer, mas temeu que fosse um tipo de decoração reprovado pela maioria das pessoas? Faça-o! Meu amigo Owen tem citações motivacionais espalhadas pelas paredes de seu banheiro; estão escritas em diferentes estilos de letras, realces e cores, e cada citação está colocada num ângulo diferente. O efeito é um cardápio incrivelmente inspiracional para os que entram ali. Para decorar o porão, uma de minhas clientes pediu aos filhos que molhassem as mãos em diferentes cores de tintas e as imprimissem nas paredes brancas. O resultado é uma borda de pequenas mãos que irão lembrá-la, para sempre, das crianças depois que elas se tornarem adultas e saírem de casa. O ponto principal é que existem incontáveis maneiras de expressar-se e de embelezar sua paixão. Seja criativo.

CRIE UM SANTUÁRIO

Sempre amei as cores das praias tropicais. É ali que sinto a maior satisfação. Talvez seja porque nasci perto do Mediterrâneo, talvez seja porque, numa vida passada, eu tenha vivido numa ilha tropical. Não tenho certeza. Em todas as viagens que fiz, estive sempre em busca da praia perfeita. Eu a descobri na Austrália e agora posso vê-la todos os dias nas paredes de meu escritório. Tenho um gigantesco mural das Ilhas Whitsunday, que ficam perto da Grande Barreira de Corais, o lugar que eu estava visitando e onde, aliás, minha primeira filha foi concebida. (Outra ligação com a paixão!)

Águas em diferentes tons de azul, palmeiras, montanhas e praias de areias brancas saúdam-me todas as manhãs, assim que entro no escritório que tenho em casa. Mais que qualquer outro lugar, esse escritório é meu santuário. Quando olho para os lados, vejo muito daquilo pelo que sou apaixonada: pilhas e mais pilhas de livros e revistas, idéias capturadas no papel; porta-retratos inigualáveis, com fotografias dos que mais amo; velas com aroma de lavanda; pedras e conchas dos diferentes lugares que visitei; anjos; uma pequenina fonte; minhas músicas prediletas; lembranças e presentes de clientes e amigos; plantas; um vaso de tulipas amarelas (minhas flores prediletas) que se entregam a sua própria dança apaixonada e, é claro, os muitos desenhos, pinturas e cartões que meus filhos fizeram especialmente para mim,

com imenso amor. Meu arquivo está coberto de lindos cartões que recebi de meu marido e dos amigos, em todos esses anos; eles me fazem lembrar o quanto sou amada. Possuo também uma enorme escrivaninha feita de carvalho maciço, que comprei de segunda mão há quase vinte anos e que tem me acompanhando desde então. Amo a textura da madeira e o sentimento de ligação com as árvores que posso experimentar sempre que estou trabalhando ali.

Que cômodo de sua casa ou escritório é seu santuário? Qual deles poderia tornar-se um? Se você não tiver um santuário, o que pode fazer para criar um? Use cores que lhe digam alguma coisa, deixe sua paixão fluir. Entregue-se ao impulso criativo que vem do mais profundo de seu ser. Escolha um lugar em sua casa para lembrá-lo de suas paixões. Cubra as paredes claras com a paixão, sua paixão! Seja audacioso. Deixe que seu Eu verdadeiro aflore: crie um santuário.

PERMITA QUE SEUS SENTIDOS ABSORVAM O MUNDO

Faça uma festa para seus sentidos. Ofereça-lhes um pôr-do-sol, uma refeição primorosa, uma sinfonia, lençóis de seda, um jardim de fragrâncias. Há tanto para ser visto, ouvido, provado, cheirado e tocado. Nossos sentidos são um veículo que nos permite apreciar o mundo com mais paixão e alegria. Quando foi a última vez que você assistiu a um pôr-do-sol? Eles são a oportunidade que o sol tem de fazer amor com a Terra. Um pôr-do-sol é uma promessa de um novo dia, mas é também a forma que o sol encontrou de fazer uma saída triunfal: ele pinta o céu de extravagantes tons de lilás e rosa, deixando uma marca em nossos corações. Você se lembra de seu mais belo pôr-do-sol?

Minha amiga Catherine e eu somos deusas da Lua, nós amamos a Lua. Em 1999, a Terra passou pela experiência de duas luas azuis, uma em janeiro e outra em março. Uma lua azul é a segunda Lua cheia em menos de um mês; não são exatamente raras, pois acontecem a cada dois anos, mas a ocorrência de duas luas azuis no mesmo ano é algo raro (a última vez foi em 1961). Nós não deixaríamos essa ocasião passar sem uma comemoração. Minha companheira-deusa e eu conseguimos permissão para comer na varanda de um maravilhoso restaurante com vista para o Lago Ontário, de onde poderíamos admirar a bela lua azul levantando-se sobre o lago. Estávamos no mês de março e fazia frio, mas ali estávamos nós, enroladas em nossos casacos, apreciando a comida, o vinho e a perfeita vista da Lua cheia, que parecia emergir das águas que a refletiam. Uma cena inesquecível, de tirar o fôlego.

Minha amiga Addie adora cozinhar. Mas Addie não cozinha simplesmente, ela enche a comida de amor. Lembra-se do filme **Chocolate**? Addie está para a comida assim como Juliette Binoche estava para o chocolate naquele filme. Há algumas noites, ela me perguntou: "Você não odeia quando vai almoçar com alguém e essa pessoa diz que vai comer só uma salada? Meu Deus, há tantas coisas maravilhosas para se comer!" Addie adora servir comida para os amigos. Quando vamos à casa dela, o aroma divino que exala da cozinha vai nos receber na calçada. Ela tem sempre uma nova receita para nos servir; visitar a cozinha de Addie é como levar o seu paladar para uma grande aventura.

Você se entrega quando cozinha ou o faz por obrigação? Consegue criar novos sabores? Experimenta novas receitas? Tenha paixão, tempere mais sua vida! Escolha um novo legume, um que jamais tenha preparado. Experimente uma fruta exótica, uma sobremesa fora do comum. Permita que diferentes sabores e texturas surpreendam seu paladar.

No instante em que entro no carro de minha amiga Sandra, sou envolvida pelas contagiantes vibrações da música latina. Sandra está sempre cheia de energia. "*Ciao, hermanita!* Você nem imagina a música que descobri no México! Você precisa ouvir isso!" Então, ela coloca a música com o som bem alto, o suficiente, acredito, para acordar os mortos na Argentina, e seguimos pela estrada, embaladas pelo ritmo vibrante. Do lado de fora, o dia está cinzento e frio, mas, dentro do carro, estamos numa praia tropical do México. Sandra nasceu na América Central e ama a música de uma forma diferente. Nas festas que oferece em sua casa, ela transforma a sala em discoteca, com luzes, laser e fumaça. Ela mesma é a DJ e sempre consegue fazer com que todos, até mesmo os tímidos, levantem-se para dançar.

> Deixe que seus sentidos se deleitem no universo das paixões.

Que música o apaixona? Com que freqüência você a ouve? O ponto principal é que há inúmeras coisas pelas quais podemos ser apaixonados. Deixe que seus sentidos se deleitem no universo das paixões. Experimente as cores, sabores, sons e texturas que o rodeiam: seja íntimo da vida.

PRATIQUE A GRATIDÃO

Quanto mais gratidão você ensinar a si mesmo, a seu coração, mais ele irá encher-se de paixão. Eu estava na Flórida e desejava muito ver os golfinhos em seu hábitat natural. Após várias expedições para observá-los, estava bastante decepcionada porque nenhum deles apareceu para deixar-se admirar. Estávamos hospedados num hotel em frente à praia, perto do Forte Myers. Todos os dias de manhã, enquanto minha família ainda estava dormindo, eu ia caminhar pela praia ouvindo minhas músicas prediletas.

No último dia, para minha enorme alegria, três golfinhos apareceram para me saudar; eles acompanharam minha caminhada por quase três quilômetros, nadando perto da costa. De vez em quando, eles pulavam para fora da água e davam cambalhotas, emitindo sons alegres, como se fossem três crianças. Não acreditei que tive tanta sorte! Teriam eles ouvido o chamado de minha alma? Parei um instante para absorver aquele momento: a linda praia, a música nos meus ouvidos e os alegres golfinhos perto de mim, era demais para meu coração. Foi um momento abençoado, a gratidão começou a transbordar de meu peito. Olhei para o céu e gritei: "Obrigada, obrigada, obrigada!"

Nós devemos ser gratos pelo privilégio de estarmos vivos. A recompensa por nossa gratidão é uma paixão ainda maior pela vida. Todas as manhãs, acorde exultante e pronto para absorver o dia; quando sentir-se abençoado por momentos perfeitos, olhe secretamente para cima e agradeça. Quais são seus momentos perfeitos? Você diz obrigado em relação a cada um deles?

ACOLHA SUA PAIXÃO

Você pode ter tudo aquilo que quiser, se quiser com suficiente paixão. É preciso querer com uma exuberância interior que irrompe da pele e se junta à energia que criou o mundo.
SHEILA GRAHAM

As pessoas que vivem a vida com paixão são cobertas de luz, estão vivendo vidas autênticas, estão vivendo a vida que desejam e não a que lhes foi passada. Elas vivem sua verdade. As pessoas apaixonadas saboreiam a vida, ensinam-nos a amar, ensinam-nos a viver. A paixão é muito mais que a obsessão flamejante entre duas pessoas (embora seja isso também): é o fogo que sentimos em nossos corações quando momentos perfeitos acontecem e somos livres para expressar quem realmente somos. Manter viva a paixão envolve coragem, a coragem de ser quem você é, independentemente das conseqüências.

Viver com paixão é viver no limite, é empurrar-se para fora de sua zona de conforto. Quando somos verdadeiros com nossa paixão, vivemos com autenticidade, verdade e alegria. A paixão leva à ação: ela vai empurrá-lo para você atravessar a ponte que o leva àquilo que vai fazer sua vida andar para a frente. Viva com intensidade. A paixão é um dever da alma. Não se desculpe por sua paixão e não permita que seu fogo se apague jamais, por ninguém.

5

CORAGEM

CORAÇÕES VALENTES

Ou a vida é uma ousada aventura, ou não é nada.
HELEN KELLER

A montanha mais alta do mundo fica a quase 9 mil metros acima do nível do mar. No topo, o ar é tão rarefeito que o rotor de um helicóptero não é capaz de mantê-lo voando. Se uma pessoa voasse de Katmandu ou do acampamento que fica na base da montanha até o topo, seus pulmões explodiriam. É por isso que a escalada deve ser feita gradualmente; os alpinistas precisam passar várias semanas em cada acampamento. Aprendi tudo isso assistindo a um documentário chamado "Everest", sobre três pessoas que tentaram a escalada: um norte-americano, uma espanhola e um tibetano, cujo pai, Tenzing Norgay, foi o primeiro homem nascido no Tibet a escalar o Monte Everest, com Edmund Hillary, em 1953.

A parte mais perigosa e traiçoeira da jornada é a última etapa. Um pouco antes de iniciá-la, nossos heróis ficaram sabendo que, na noite anterior, uma violenta tempestade havia matado três outros alpinistas que também tentavam chegar ao topo. A notícia os deixou abalados, pois um dos homens mortos era amigo deles e era considerado um dos mais experientes alpinistas do mundo. Será que também enfrentariam uma tempestade violenta quando chegassem perto do topo? O que deveriam fazer: tentar a escalada ou voltar para casa satisfeitos por quase chegarem lá? Era uma decisão angustiante, e eles optaram por serem corações valentes. À meia-noite, iniciaram uma jornada de doze horas até o topo do mundo, enfrentando a escuridão total e temperaturas abaixo de zero. À medida que se aproximavam do topo, seus corpos iam ficando mais fracos. Costas encurvadas, rostos açoitados pela neve, cada passo em frente era uma dolorosa provação. As roupas incômodas para protegê-los do frio, os equipamentos extremamente pesados que levavam às costas e o ar rarefeito, que faz com que o simples ato de respirar seja uma experiência torturante, obrigavam-nos a se mover em câmera lenta.

O aspecto que mais me impressionou foi a força de vontade e o poder do desejo daqueles aventureiros: quando a exaustão física quase os sufocava, algo mais forte parecia empurrá-los para cima. Quando cada célula de seus corpos desejava gritar "pare!", algo dentro deles gritava ainda mais alto "continue!" Isso é assumir riscos, é coragem nua e crua. Os alpinistas se mantiveram fiéis ao próprio sonho e sua recompensa foi ver o mundo do alto do maior pico sobre a Terra. Eles conquistaram o Everest.

Antes de avançar na direção de seus sonhos, antes de atravessar a ponte, é preciso ter uma visão clara do que você quer, de seu desejo. Você precisa mergulhar em sua verdade e fazer emergir seu verdadeiro Eu, como fizemos nos capítulos 1 e 2. No capítulo 3, trabalhamos para criar uma mandala do destino e uma declaração de missão pessoal, para que você tivesse uma idéia mais clara do lugar para onde deseja dirigir sua vida. No capítulo 4, analisamos o papel que a paixão exerce em nossas vidas, ajudando-nos a seguir em frente. Agora, neste capítulo, trabalharemos para ultrapassar a última fronteira, a vitória sobre o medo.

Quando tudo está pronto e temos todas as ferramentas necessárias para mudar nossas vidas, por que ainda não somos capazes de dar o passo? Por que ficamos paralisados? Por que nos afastamos daquilo que a nossa alma veio fazer aqui? Medo, medo consciente, medo inconsciente, medo que cega, medo de prosseguir, sempre o medo. O medo nos paralisa e nos impede de levar a vida em frente.

O antídoto contra o medo é a coragem. A coragem nos faz atravessar a ponte, mas sem perder nossa autenticidade e sem trair nossos corações. É ela que nos permite expressar todas as cores de nossa paixão e é ela que nos ajuda a escolher nosso destino. A verdade é que precisamos de coragem para manter o otimismo quando o resto do mundo prefere afundar-se na autopiedade. É por isso que vencer o medo é a última fronteira. Coragem é a capacidade de enfrentar o medo e dar o passo, é sentir-se apavorado, mas caminhar assim mesmo.

Precisamos de coragem para manter o otimismo quando o resto do mundo prefere afundar-se na autopiedade.

Pense em épocas de sua vida nas quais se sentiu amedrontado, incerto ou ansioso e, apesar disso, conseguiu reunir coragem para fazer o que precisava ser feito. Algumas vezes, o medo parece penetrante, tirânico e arrebatador, mas algo mais forte nos empurra para que atravessemos a ponte. Talvez você esteja pensando: "Eu não consigo. Quando tenho medo, fico congelado." Para vencer o medo, devemos alimentar a coragem. A coragem é a arte de sentir-se confortável diante do fato de sentir-se desconfortável. Vamos começar definindo o que é coragem.

DEFININDO A CORAGEM

Para aquele que espera, todas as coisas se revelam, desde que ele tenha a coragem de não negar na escuridão aquilo que viu na claridade.
COVENTRY PATMORE

Os dicionários oferecem diferentes visões da palavra coragem; ela é definida, por exemplo, como a prontidão para enfrentar e a capacidade de suportar o perigo ou como uma inerente liberdade do medo. Vamos analisar a primeira definição, separando-a em duas partes. Da primeira parte, "uma prontidão para enfrentar", subentende-se que uma empreitada é amedrontadora e arriscada, mas que, apesar disso, estamos prontos para realizá-la. A maioria das pessoas concorda que escalar o Everest é uma idéia assustadora. O que é uma idéia assustadora para você? O que você desejou realizar e não fez por medo? Para alguns indivíduos, contrariar o chefe é uma idéia assustadora; para outros, assustador é mudar o guarda-roupa, assumir um relacionamento, visitar um país da África ou lidar com situações de conflito. O desejo de enfrentar a situação que o amedronta é o ponto de partida da coragem.

A segunda parte, "capacidade de suportar o perigo", está relacionada àquilo que você faz para não fugir da atitude que lhe desperta medo. Em outras palavras, é ser capaz de suportar os sentimentos desconfortáveis associados ao fato de fazer algo que você teme. Foi isso que nossos três heróis precisaram fazer na última etapa de sua jornada. A capacidade de suportar o perigo significa que, embora algumas coisas sejam arriscadas, você compreende que os riscos fazem parte da vida. Você se arrisca porque tem coragem, porque deseja uma vida completa.

A segunda definição diz que a coragem é "uma inerente liberdade do medo". Há muitos anos, havia cavaleiros e guerreiros que travavam batalhas cuja coragem era reverenciada em terras por todo o mundo. Em cada uma dessas batalhas, centenas de jovens soldados morriam, mas eles sabiam que lutar era parte de sua função na vida. Eram estóicos e destemidos. Quem tem esse tipo de coragem hoje?

Acredito que a maior parte das crianças pequenas não tem medo, elas não querem somente atravessar a ponte, mas fazê-lo dando cambalhotas. Entretanto, para os adultos, o medo é um denominador comum. Se sentimos medo, isso quer dizer que não podemos ter corações valentes, não podemos ser corajosos? De jeito nenhum: para mim, a coragem vem quando enfrentamos o medo e agimos, apesar dele. Muitos não o fazem porque o ser humano precisa sentir-se confortável antes de agir, e o medo nos provoca desconforto.

O objetivo não é livrar nosso corpo e psique de todo e qualquer medo, mas sobreviver ao medo e andar para a frente. Isso é coragem, fazer do medo um aliado, um amigo, e vencer a necessidade de sentir-se confortável todo o tempo. "Enfrente-o, enfrente-o sempre, é esse o caminho. Enfrente-o", disse um dos personagens de Joseph Conrad. Enfrente o medo, mas faça o que tiver de ser feito, não desista, não corra, não fique paralisado. Permaneça em campo e jogue. Os japoneses têm uma filosofia semelhante. Sua terapia Morita diz: "Morra de medo, mas faça o que tiver de fazer." Precisamos reconhecer o medo, cheirá-lo, tocá-lo, mas, assim mesmo, dar o passo. Isso é coragem.

ENFRENTANDO O MEDO E AGINDO

Pare para olhar o medo de frente... Você precisa fazer aquilo que não consegue.
ELEANOR ROOSEVELT

Quando você teve mais medo e o que fez a respeito? Ficou paralisado? Fugiu? Mentiu? Não estou falando do tipo de medo que você sente quando tem um bloqueio mental, quando está postergando uma decisão que não deseja tomar ou quando não consegue convidar alguém para sair. Estou falando daquele medo que sentimos nas entranhas, que nos deixa sem saber se devemos lutar ou correr. Você já sentiu esse tipo de medo, quando sua vida ou a de um ente querido está em perigo? Como você se comportou? Aposto que, para sobreviver, você olhou o medo de frente e, mais que isso, fez o que precisava ser feito. Você agiu.

Eu tinha 18 anos e morava sozinha em Paris, estudando francês na universidade de Sorbonne. Era tarde da noite e estava voltando da biblioteca para casa. Enquanto caminhava pelo Boulevard Saint-Michel, senti que estava sendo seguida; apressei o passo e, finalmente, cheguei ao edifício onde morava, mas a porta da frente era de aço e muito pesada, daquele tipo que vai fechando bem devagar após ter sido aberta. Subi correndo as escadas circulares e, quando olhei para trás, vi três rapazes entrarem antes que a porta se fechasse.

Meu coração batia com força. "Meu Deus! Eles estão atrás de mim", pensei. Então, lembrei-me do aviso que recebera, logo que cheguei, da proprietária da loja que ficava naquela mesma rua: "Tome cuidado, *chérie*. Moças como você são estupradas e jogadas no Rio Sena. Todas as semanas, eles retiram corpos do Sena. Eu vejo na televisão. E a maioria é de moças estrangeiras como você." Aquelas palavras ecoavam na minha cabeça. Deveria correr?

Meu quarto era no último andar, eu ainda precisava subir oito lances de escada. "Por que o elevador não funciona à noite?", lembrei-me, com raiva. "Talvez, se eu ficar completamente em silêncio, eles pensem que entrei numa das portas do primeiro andar." Enquanto todos esses pensamentos rodavam em minha cabeça, meus pés continuavam a subir, subir, subir, tentando fazer o mínimo barulho possível. As batidas do meu coração eram intensas. Minhas pernas estavam quase desistindo, eu estava ficando tonta, mas não parei de subir. Cheguei até minha porta, mas os homens estavam logo atrás de mim. Chegamos a nos olhar enquanto eu virava a chave com toda pressa e me jogava lá dentro. O medo era tanto que eu não parava de tremer, mas consegui trancar a porta e empurrar uma enorme cômoda para impedir que forçassem a abertura. Depois, sentei-me na cama, tentando recuperar o fôlego e a sensibilidade das pernas.

Mal comecei a me sentir segura, os rapazes começaram a bater na porta e a gritar comigo em francês. Quando nada disso funcionou, eles tentaram me convencer a sair usando toda a sorte de desculpas. Depois, ficaram com raiva e ameaçaram derrubar a porta. Eu não tinha telefone e nenhum dos meus vizinhos apareceu para me ajudar. Algum tempo depois, tudo ficou em silêncio, mas eu ainda estava amedrontada demais para abrir a porta e espiar. Nunca mais vi aqueles homens, mas sei que o medo fez meus pés se moverem com uma rapidez que eu jamais acharia possível. O medo salvou minha vida.

Tenho observado que as situações em que mais tive medo foram as que mais me impeliram a agir. Quando nos vemos diante de circunstâncias que ameaçam nosso bem-estar, nós ativamos o botão "agir". É por isso que os seres humanos são capazes de realizar incríveis atos de força física e resistência em situações de vida ou morte. Nesses casos, sintonizamos nossa energia guerreira e fazemos o que precisa ser feito. Essa reação ao medo está registrada em nosso sistema nervoso como um mecanismo de sobrevivência e é denominada resposta ao estresse – são os hormônios nos fazendo agir. Em geral, nas situações extremas, nós temos duas escolhas: lutar ou correr.

QUANDO O MEDO CONFUNDE NOSSA MENTE

E como a raiz de todos os erros é o medo, a correção deles virá somente quando o medo for vencido.

PAUL FERRINI

Algumas vezes, quando experimentamos um medo extremo, perdemos a capacidade de raciocinar com clareza. Alguma vez você tomou decisões ruins porque estava com medo? Isso aconteceu comigo quando pensei que minha filha, na época com um ano e quatro meses, fora seqüestrada.

Eu havia contratado para babá uma mulher que não falava muito bem o inglês, mas que amava crianças e que me deu a impressão de ser bastante amorosa. Depois de trabalhar conosco por uma semana, ela me disse que gostaria de levar Kajsa para passear de carrinho. A temperatura estava muito agradável e eu permiti. Imaginei que ela andaria de um lado para o outro da rua algumas vezes e logo depois voltaria para casa, por isso fiquei surpresa quando, após meia hora, não havia nem sinal da babá. Uma hora depois, comecei a ficar preocupada. Aonde ela teria ido? Saí na rua para procurar, mas não a encontrei. Meu medo intensificava-se a cada minuto que passava. E não apenas isso, pois comecei a criar uma história sobre os motivos que levariam aquela mulher a roubar minha filha e fugir do país. Comecei a me lembrar de fragmentos de conversas, dela contando como tentara engravidar sem conseguir, como sempre desejara ter uma menina, como Kajsa era a criança mais linda que ela já vira e como achava que até se parecia com ela.

Olhei para o relógio: mais de uma hora havia se passado. Onde elas estariam? De repente, eu me dei conta de que nem sabia como soletrar o sobrenome da mulher. "É claro, assim não tenho como localizá-la quando ela fugir do país com minha filha!", gritei para meu marido. Agarrei as chaves do carro e saí de casa, correndo. Cada segundo parecia uma eternidade, virei a rua e entrei na avenida principal, mas não as vi. Meu coração batia com força. O que fazer? O que fazer? Lágrimas brotavam de meus olhos. "É assim que a pessoa se sente quando enlouquece", imaginei. Minhas mãos tremiam agarradas ao volante. O medo fez meu sangue gelar, era um medo que eu jamais havia experimentado. Era pior que qualquer ameaça à minha vida, tratava-se de meu bem mais precioso: meu bebê.

> O medo fez meu sangue gelar, era um medo que eu jamais havia experimentado.

Parei o carro no meio da rua e comecei a gritar como uma louca. Meus anjos deviam estar todos por perto, pois um carro da polícia passou por ali exatamente quando eu estava tendo aquele momento de descontrole. Um policial me levou para casa e tentou me acalmar, dizendo que fariam tudo para encontrar minha filha o mais depressa possível. Logo, cinco outros carros de polícia estavam estacionados na porta da minha casa – uma criança desaparecida é uma situação muito grave. O rebuliço atraiu a atenção dos vizinhos. Quando souberam do que se tratava, ficaram assustados, alguns deles vieram me ver, mas eu não estava em condições de conversar com ninguém. Aquele era o pior momento de minha vida, e eu vivia um terror que nem imaginara existir.

Num determinado momento, ouvi uma policial perguntar gentilmente a meu marido se ele teria uma fotografia recente de Kajsa para colocar no jornal das 18 horas e para deixar nos aeroportos. Outro policial falava em organizar uma equipe de busca. Minha cabeça girava. 18 horas? Equipe de busca? Até lá, a babá poderia estar escondida em qualquer lugar do mundo! Por que a polícia não estava fazendo nada naquele momento? "É isso que os pais de filhos desaparecidos enfrentam", pensei. "É a vida transformando-se em pesadelo. E agora está acontecendo comigo. Como vou sobreviver a uma coisa dessas?"

Aos prantos, caminhei até a varanda e foi então que avistei a babá, empurrando o carrinho, voltando despreocupadamente para casa. Entrei correndo para contar a meu marido e à polícia. Meus olhos se encheram de lágrimas de alívio. E, então, sentimentos de culpa e vergonha tomaram conta de mim. "Meu Deus, o que a babá vai pensar disso tudo?"

Quando ela entrou, ficou surpresa ao ver a casa cheia de policiais. Assim que olhou para mim, percebeu por quê. "Onde vocês estavam?", perguntou meu marido. "Fomos dar um passeio. Eu parei para fazer algumas compras", disse ela. Eu não tinha forças para dizer nada. Tirei Kajsa do carrinho e a abracei com força. Olhei para a babá. Como poderia lhe explicar que aquelas conclusões erradas haviam tirado anos de minha vida? Que aquelas duas horas de compras foram as mais negras de toda a minha existência? Ela não deveria fazer compras no horário de trabalho, muito menos levando junto o bebê. Por outro lado, se eu não tivesse me deixado controlar pelo medo, não teria passado duas horas de puro terror, teria, por exemplo, procurado por elas um pouco

mais, antes de ter aquele ataque de nervos. Se eu tivesse entrado na outra rua, eu as teria visto, se minha mente não estivesse tão confusa, eu não teria criado um enredo tão convincente para o seqüestro de Kajsa. Mas fui totalmente dominada pelo medo naquele dia. Foi brutal; algumas vezes, quando o medo nos impele a agir, aperta o botão errado.

QUANDO O MEDO NÃO NOS IMPULSIONA A AGIR

Somente aqueles que ousam cair do alto conseguem chegar lá em cima.
ROBERT F. KENNEDY

Existe um terceiro tipo de medo, que eu chamo de "medo cotidiano", aquele que não ativa imediatamente o botão "agir". Quais são os medos cotidianos? Você vivencia um desses medos quando precisa dizer algo ou fazer a coisa certa, mas não faz – por exemplo, quando deve oferecer-se para um emprego, fazer uma apresentação, ter uma conversa séria com um amigo, dar um telefonema difícil, começar a trabalhar por conta própria ou lidar com algo que deveria ter resolvido há muito tempo, e não faz nada disso. Não seria maravilhoso se o botão "agir" pudesse ser ativado também por esse tipo de medo? Além do medo de se ferir, há também o medo de fracassar, o medo do desconhecido e o medo do sucesso. Se esses medos cotidianos não acionam o botão automaticamente, como fazer para agir e vencê-los? A resposta é: com coragem, amor e fé.

Agir a despeito desses medos não é um problema de sobrevivência física, mas de sobrevivência espiritual e emocional. Se você ignorar o chamado de sua alma, dos sonhos que podem estar lhe acenando do outro lado da ponte ou de um relacionamento que é importante em sua vida, nunca vai atingir o máximo de seu potencial, nunca vai tornar real seu eu mais completo, nunca será o indivíduo poderoso que deveria ser. O que está em risco é sua força de vida. É por isso que o poeta W. H. Auden disse que todos os homens morrem, mas poucos realmente vivem.

Se seu espírito está esmorecido, mas seu corpo ainda está caminhando, você está realmente vivo? Essa é uma pergunta que muitas pessoas estão se fazendo hoje em dia. Você escolhe o caminho mais fácil? Você dá o máximo de si? Você foge de seus medos cotidianos?

Talvez você esteja lendo essas palavras e pensando: "Ora, foi isso o que aconteceu comigo? Foi por isso que extingui minha paixão pela vida?" Pode ser que sim ou pode ser que não. Como descrevi nos capítulos 1 e 4, há muitos motivos pelos quais nós nos desligamos. Permitir que o medo controle nossa vida e ignorar o chamado da alma podem ser alguns desses motivos. Principalmente na meia-idade, as pessoas costumam experimentar uma espécie de crise existencial, pois é quando se vêem cara a cara com a própria mortalidade e com o fato de que o tempo está passando sem parar. Elas olham para a lista de coisas que não fizeram e se sentem sufocadas pelo arrependimento e a tristeza. O medo pode ser ausência de coragem, de amor ou de fé, ou uma combinação dos três.

Quando não amamos a nós mesmos o suficiente para acreditar em nossa capacidade, somos incapazes de agir. A falta de ação gera sentimentos de fracasso e arrependimento. A depressão pode se instalar, fazendo-nos perder ainda mais fé, mais amor e mais coragem. E é assim que o ciclo de autoderrocada age. Nós não ativamos o botão "agir" porque estamos presos num ciclo negativo.

CICLO NEGATIVO DE AUTODERROCADA

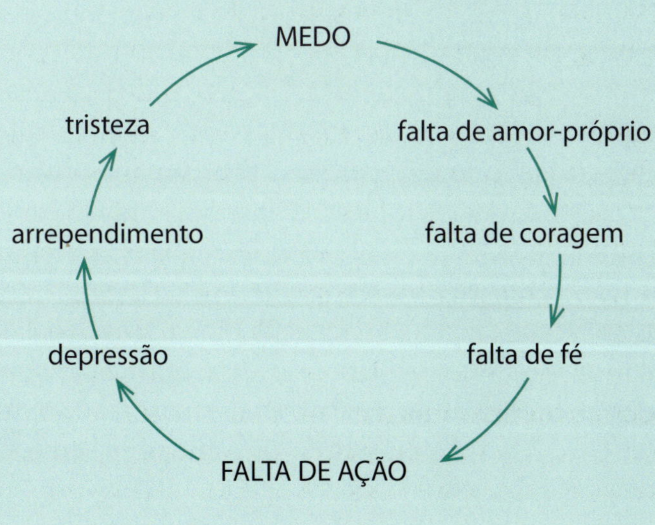

AMPARANDO O MEDO

Onde a mente não conhece o medo e a cabeça se eleva,
Onde o conhecimento é livre...
Onde a luta incansável abre os braços para a perfeição...
RABINDRANATH TAGORE

Como podemos dar o passo, apesar do medo? Afinal, ele é um sentimento natural. Nossa tendência é ignorar o medo, escondê-lo ou negá-lo. Mas o medo precisa ser entendido e amparado se você quiser ativar o seu botão "agir".

Aprenda a reconhecer o medo assim que ele aparecer, dê a ele nome e endereço. Onde, por exemplo, você sente medo? Para algumas pessoas, o medo mora no estômago. Para outras, ele mora nas pernas. Para outras ainda, é uma palpitação. Em que parte de seu corpo mora o medo? Você precisa reconhecê-lo, admiti-lo e compreendê-lo antes de vencê-lo e ativar o botão de agir. Além disso, pergunte a si mesmo: "Qual a pior coisa que pode acontecer?" Ficar frente a frente com seu maior medo é o primeiro passo para vencê-lo. Então, usando todos os sentidos, analise seu medo, descreva-o.

> Ficar frente a frente com seu maior medo é o primeiro passo para vencê-lo.

Primeiramente, reflita: com o que ele se parece? Que cor ele tem? Que forma? Se pudesse desenhá-lo, como ele seria? Se tivesse voz, o que lhe diria? Anote tudo o que as coisas que lhe causam medo lhe diriam. A seguir, pense: qual é o gosto de seu medo? Seja descritivo. Não diga apenas "horrível" ou "ruim", use uma linguagem expressiva. Por exemplo: "Meu medo tem um gosto tão podre quanto um caminhão carregado de ovos estragados." Finalmente, qual é o cheiro de seu medo? Mais uma vez, seja descritivo.

Ao conhecer seu medo de maneira tão íntima, você conseguirá libertar-se dele e começará a agir, apesar dele. Seu medo deixará de ser o monstro que você imaginava, porque, ao desmascará-lo, você vai saber quem ou o que ele é. Uma vez que tenhamos entendido o medo, podemos começar a avançar sobre ele.

Para algumas pessoas, entender o próprio medo não é suficiente, elas não conseguem seguir em frente porque estão contaminadas por sentimentos de desesperança e impropriedade. A cura para a desesperança é a fé, a cura para a impropriedade é o amor. Devemos aprender a ter tolerância conosco e a nos aceitar, a despeito de nossas fraquezas. Quanto maior nosso amor-próprio e auto-aceitação, mais atitudes nós tomamos. Para alguns, isso basta para começar a dar pequenos passos, mas a situação forma um círculo vicioso: você precisa acreditar em si mesmo para assumir riscos, mas precisa assumir riscos para acreditar em si mesmo.

Por enquanto, vamos ativar, com muita coragem, o botão de agir. Eu gostaria muito de ajudá-lo a começar a pensar como um coração valente. Como a coragem pode nos ajudar? A raiz da palavra é *cor*, do latim, cujo significado é "coração". "Coragem" é também a raiz da palavra "encorajamento". Quando encorajamos alguém, reforçamos seu coração. Corações valentes enfrentam o medo todos os dias, mas continuam a caminhar: eles agem.

FAÇA AS COISAS AGORA!

Não é por causa das dificuldades que nós não ousamos, é pelo fato de não ousarmos que tudo se torna difícil.
SÊNECA

A coragem nos permite engolir o próprio medo e atravessar a ponte. Você está apavorado, mas, de alguma forma, enfrenta o medo e segue em frente. É isso que significa "fazer as coisas agora". A coragem nos permite ativar o botão de agir, utilizando nosso desejo mais puro para quebrar o ciclo da autoderrocada. Todos admiram os que tomam uma atitude. Nós queremos tomar, mas nos sentimos impotentes. Com freqüência, dificultamos nossa própria vida, adiamos, temos medo, colocamos a culpa no perfeccionismo, no tempo, em nossos pais ou em nossos filhos. Dizemos que não estamos prontos, que precisamos de mais informações, de mais um diploma, de mais títulos. Reclamamos de tudo aquilo que ainda não fizemos, mas deixamos a ação para depois. Quando estaremos prontos?

Quando eu morava em San Diego, na Califórnia, produzia um programa de rádio que ia ao ar ao vivo, das 15 às 18 horas. Eu chegava cedo e logo começava a procurar boas histórias. Procurava também pessoas entusiasmadas e eloqüentes, que fossem capazes de discutir os acontecimentos mais importantes do dia. Procurava pessoas e eventos que tocassem o coração e enriquecessem o dia-a-dia das pessoas. Minha busca pelo programa perfeito poderia ser infinita, havia sempre mais um telefonema que eu deveria fazer, mais um fato que deveria pesquisar. Entretanto, todos os dias, às 15 horas, eu precisava entrar no ar com um novo programa, sem tempo para mais preparativos ou adiamentos. Hora de começar: eu era obrigada a "fazer as coisas agora".

Não seria ótimo se nossas vidas funcionassem assim, se, em determinada hora, todos os dias da semana, nosso "produtor" chegasse e dissesse: "Chega de adiamentos. É hora de começar. Faça as coisas agora!" Se você fosse obrigado a fazê-lo, sua vida seria diferente hoje? O que você tem adiado? Se pudesse fazer uma só coisa que empurrasse para a frente sua vida pessoal, o que seria? Se pudesse fazer uma só coisa que empurrasse para a frente sua vida profissional, o que seria? Se a cada dia você desse um passo, mesmo que fosse minúsculo, acabaria chegando do outro lado, acabaria atingindo seus objetivos. Passos minúsculos acumulam-se e formam algo maior.

O primeiro passo, o crucial, é enfrentar o medo, reconhecê-lo, senti-lo e suportá-lo. O medo é desconfortável, mas não deve impedi-lo de atravessar a ponte. Aja, mesmo que seja dando um passo infinitamente pequeno: isso fará crescer sua autoconfiança, o que dará coragem a seu coração. Quando se sentir corajoso, você será capaz de enfrentar outros medos e assumir mais riscos, e assim por diante. É assim que os corações valentes agem.

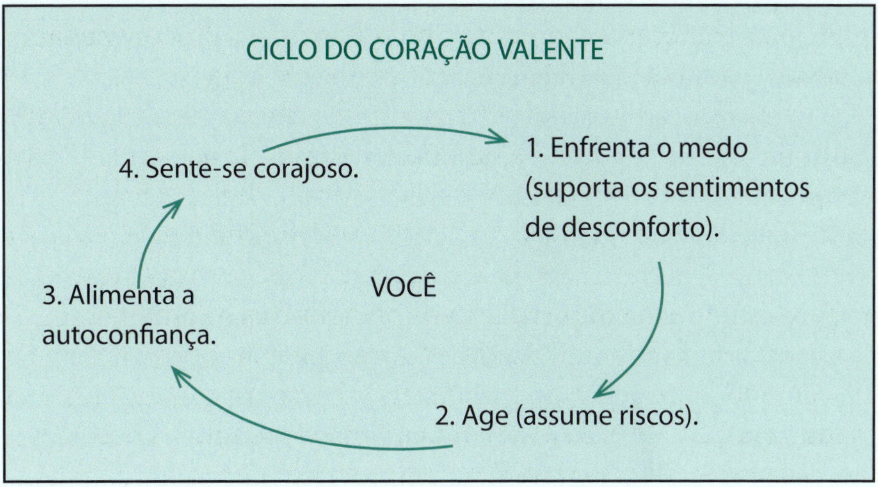

Com o passar do tempo, você terá atravessado a ponte inteira e terá cumprido aquilo que se propôs a fazer. Isso vai lhe dar a confiança e a coragem necessárias para lidar com mais projetos e atravessar mais pontes. Imagine como a sua vida poderia ser diferente se você desse passos consistentes para completar o que deixou por fazer, em vez de reclamar dos obstáculos que aparecem em seu caminho. Na maioria das vezes, seu maior obstáculo é você! É sua atitude. Uma de minhas amigas adora dizer: "O único problema da sua vida é você."

ÀS VEZES, PRECISAMOS DE UM EMPURRÃO

"Venham para a beirada", disse ele.
Eles responderam: "Temos medo."
"Venham para a beirada", disse ele.
Eles vieram.
Ele os empurrou... e eles voaram.
GUILLAUME APOLLINAIRE

Às vezes, nós não conseguimos "fazer as coisas agora" até recebermos um sinal, um aceno ou um empurrão de alguém. Há alguns anos, quando realizava um grupo de estudos, pedi que as pessoas refletissem sobre o que realmente desejavam. Uma mulher levantou-se, caminhou até o microfone e disse: "Quero ser a Grace Cirocco do Canadá francês. Quero realizar seminários, grupos de estudo e tornar as pessoas mais poderosas, como você faz." Eu a olhei com entusiasmo e respondi: "Então, faça isso agora!" Todos aplaudiram e a mulher voltou a sentar-se. Quando chegou em casa, ela me escreveu para contar que o fato de me ouvir dizer "faça isso agora" naquele instante havia sido um momento mágico, o empurrão que ela precisava para mover-se para a frente e atingir seu destino. Hoje, ela planeja e coordena grupos de estudo sobre desenvolvimento pessoal para mulheres.

Pouco tempo atrás, essa mulher, Anne, enviou-me um e-mail longo sobre como se sentia feliz por estar fazendo o trabalho de sua vida e sobre a excelente resposta que tem tido dos participantes. Para minha surpresa, Anne ainda guardava dentro de si aquele momento, quando me ouviu dizer "faça isso agora" diante de 200 pessoas. Foi naquele instante que ela decidiu ser um coração valente e dar o passo.

Algumas vezes, nós dificultamos muito a travessia de nossa própria ponte. Imaginamos que existe algum código especial e complicado que tornará tudo mais fácil se conseguirmos decifrá-lo. A verdade é que a mágica está em seu interior. Tudo o que você precisa é de um pequeno empurrão. Faça uma lista do que você deseja fazer. Depois, pergunte a si mesmo: "Como posso separar isso em pequenos passos, de maneira a começar a agir?" A ação vai torná-lo poderoso, vai alimentar sua auto-estima, sua fé.

A ação alimenta a coragem, e a coragem o faz agir mais. Que pequeno passo você pode dar? Mantenha olhos, ouvidos e coração abertos. Quero encorajá-lo a sempre plantar novas sementes, a ler, ouvir e aprender. Preste atenção nas sincronicidades, elas são a linguagem dos seus guias espirituais e de seu Eu superior. Não permita que ninguém lhe diga que só existe um caminho que leva ao chamado de sua alma. Mesmo que seu chamado seja igual ao de um amigo, seu caminho será diferente – celebre a sua singularidade.

Mesmo que seu chamado seja igual ao de um amigo, seu caminho será diferente – celebre sua própria singularidade.

Não se prenda à condição de possuir habilidades, credenciais, certificados ou títulos. Se a sua alma o está chamando para fazer algo, você já possui um talento natural para concretizá-lo. Acredite em sua própria causa e, mais importante ainda, faça as coisas agora! O resto vai acontecer por si só.

CARPE DIEM

Você tem tanto medo de viver, tanto medo da vida, que abriu mão da própria natureza de seu ser em troca de segurança.
NEALE DONALD WALSH

Uma das expressões mais celebradas através dos tempos é *carpe diem*, que, em latim, quer dizer "aproveite o dia!" Essa é outra forma de dizer "faça as coisas agora". Aproveite o dia, a hora, o momento. Ative sua energia guerreira, o fogo que arde em seu coração, e faça-o hoje. Não espere até amanhã, porque o amanhã pode nunca chegar. A vida tem um jeito próprio de acelerar-se à medida que envelhecemos. Os dias parecem mais curtos e a lista de promessas que fizemos a nós mesmos fica cada vez maior. Pare de adiar sua vida, coloque as desculpas de lado.

Faça uma pausa, respire fundo. Feche os olhos. Pergunte a seu Eu superior: "O que você quer fazer neste exato momento, neste instante?" Qual foi seu primeiro pensamento? Quer tirar uma soneca sob uma árvore? Quer telefonar para um amigo que mora muito longe? Quer fazer um passeio de bicicleta? Quer entrar na sala do seu chefe e dizer a ele o que você realmente pensa? Quer beber uma limonada bem gelada, deitado numa rede? O que está seduzindo seu Espírito? Seu Eu superior está lhe oferecendo idéias o tempo todo, mas, se você não ouvi-las ou nunca agir em relação a elas, as idéias param de brotar. Diga não à "doença da pressa". Faça uma pausa e viva agora. O que você precisa fazer para aproveitar o dia?

FAÇA O QUE DEIXOU DE FAZER

Cada coração tem um número finito de batidas, uma quantidade finita de tempo. Mas temos batidas e tempo suficientes para fazer o que é importante em nossas vidas.
SUSAN L. TAYLOR

Nossa lista de itens pendentes é um sinal que nosso Eu superior nos manda de que temos tarefas incompletas, implorando para serem finalizadas. Você sabe que são tarefas incompletas porque, quando pensa nelas, percebe que sugam sua energia. Assuntos não resolvidos são verdadeiros torturadores mentais, eles nos lembram de que não cumprimos acordos pessoais, roubam nosso auto-respeito, esgotam nossa criatividade, sugam nossa alegria. Terminá-los nos traz paz interior e eficiência pessoal. Itens pendentes podem incluir conflitos não resolvidos, perdão não concedido, amor não declarado, elogios não feitos, sonhos não realizados, objetivos não alcançados, promessas não mantidas e tarefas não concluídas. Esses itens inacabados podem vir sob todas as formas, tamanhos e em qualquer área da vida. Algumas pessoas têm um porão repleto deles. Quais são os seus?

PENDÊNCIAS COM RELACIONAMENTOS

Para a maioria das pessoas, essa é a mais numerosa categoria de situações não concluídas. Você tem algum conflito não resolvido com alguém? Quase todos os indivíduos que conheço têm algum assunto não resolvido com alguém: uma discussão nunca solucionada, um boato que nunca foi esclarecido, uma conversa que têm medo de enfrentar. O tempo passa, a vida segue em frente, mas a energia bloqueada permanece.

> Quase todos os indivíduos que conheço têm algum assunto não resolvido com alguém.

Uma vez ouvi que, se o fim do mundo fosse anunciado de repente e só nos restassem cinco minutos de vida, todas as pessoas, no mundo todo, pegariam o telefone para dizer três palavras importantes a outro alguém. Já adivinhou quais seriam elas? "Eu te amo", "Eu peço perdão", "Eu o perdôo".

Existe alguém em sua vida que precisa ouvir essas palavras? Você precisa escrever algum cartão de agradecimento, demonstrar aprovação, celebrar um aniversário? Faça-o agora, enquanto ainda lembra. Faça uma lista das pessoas com quem você tem algum assunto pendente, podem ser pessoas vivas ou mortas. Então, refletindo sobre cada uma delas, pergunte a si mesmo o que seria necessário para chegar a algum tipo de solução. O que o faria livrar-se das emoções negativas que envolvem essa pessoa? Talvez vocês precisem de uma boa conversa, talvez você precise desculpar-se ou precise que ela saiba que você a perdoou ou precise apenas conformar-se.

Quando você pensa em sua família, o que acha que está faltando? O que rouba sua energia? A morte de um dos pais? A doença de um filho? Um divórcio conturbado? Um caso extraconjugal que precisa ter fim? Quais são seus arrependimentos? Perdeu contato com a família? Existem parentes em outros países que você gostaria de encontrar ou conhecer? Seria sua pendência uma reunião de família sobre a qual você está sempre falando, mas nunca coloca em prática? Existe algo que você sempre quis fazer com sua família, mas ainda não concretizou? Você tem alguma pendência prática para resolver, como a falta de um testamento ou de seguro de vida?

PENDÊNCIAS PROFISSIONAIS

Pergunte a si mesmo se gosta do trabalho que faz ou se anseia por uma profissão mais gratificante. Existe algum sonho ou objetivo sobre o qual você não teve coragem de pensar? O que você sonhava ser quando se tornasse adulto? Que trabalho era sua fantasia? Ela se tornou realidade? Nunca é tarde demais. Conheço pessoas que começaram uma nova profissão depois dos 40 ou 50 anos de idade e que estão muito felizes.

Um indivíduo no mundo de hoje vai experimentar, em média, pelo menos sete mudanças de trabalho. Você está preparado para mudanças? Talvez não tenha as habilidades ou a experiência necessárias. Você está desenvolvendo seus talentos? Está aprendendo coisas novas? Talvez você goste de seu trabalho, mas sente-se exaurido; talvez precise de uma licença; talvez goste de seu emprego, mas sinta vontade de trabalhar por conta própria para ter mais flexibilidade e controle. O trabalho é mais que um simples meio de vida, é uma forma de nos conectarmos com nossos propósitos, é uma maneira de compartilhar nossas habilidades e fazer a diferença. É importante nos sentirmos bem em relação a ele.

PENDÊNCIAS FINANCEIRAS

Quando se trata de investimentos e finanças, o que você tem deixado por fazer? Você economiza? Paga suas contas em dia? Está planejando sua aposentadoria e o futuro de seus filhos? Está economizando para comprar a casa de seus sonhos, fazer uma viagem ao redor do mundo, comprar um carro esporte, uma casa de campo? Quais são suas pendências financeiras?

PENDÊNCIAS FÍSICAS

Todos nós poderíamos cuidar mais da saúde. Em relação à saúde física, o que você precisa fazer? Parar de fumar, começar a fazer exercícios, parar de beber, evitar gorduras na alimentação, desacelerar o passo, dormir mais, tomar vitaminas, correr uma maratona? Que esportes ou atividades você gostaria de experimentar? Há pouco tempo, reaprendi a esquiar depois de estar afastada desse esporte há muitos anos. É uma sensação deliciosa descer uma montanha em alta velocidade. Recomeçar a esquiar me trouxe de volta o sabor do inverno, além de me manter em atividade. Que esporte ou atividade de lazer você gostaria de recomeçar?

PENDÊNCIAS ESPIRITUAIS

Você diz a verdade? Suas atitudes estão de acordo com seus padrões éticos? Você cumpre acordos e promessas? Você é confiável? Sabe guardar um segredo? Você está ligado ao Criador e se lembra de agradecer a Ele? Você passa algum tempo a sós todos os dias, fazendo uma pausa para reflexão? Você medita ou reza? Você tem vontade de visitar a Terra Santa ou algum importante santuário? Pergunte a sua alma: "De que você precisa?" Pintar, escrever uma poesia, aprender a cantar? As pendências espirituais são sutis, mas vêm do mais profundo de nossos desejos.

APRENDENDO A CONFORMAR-SE

Observe que nem tudo tem solução. Algumas vezes, precisamos aceitar aquilo que não podemos controlar, precisamos "deixar pra lá" e seguir em frente. Pode ser um relacionamento, um trabalho ou um sonho.

Uma mulher que participava de um de meus seminários contou-me do enorme esforço que fez para conviver com um irmão alcoólatra. Todas as vezes que ela o visitava, o comportamento dele era violento e imprevisível. "Eu nunca soube que ele bebia", disse ela. "Mas acabei descobrindo que o abuso do álcool era constante." Quando o irmão recusou-se a procurar ajuda, todos na família desistiram de ajudá-lo, mas ela insistiu. Continuava a procurá-lo, tentando convencê-lo a parar. Uma noite, durante uma discussão, ele lhe deu um soco no rosto, quebrando seu nariz e seus óculos. "Foi naquele momento que eu me decidi. Tinha de me conformar. Meu irmão é uma pendência que fui obrigada a deixar de lado!"

As pessoas têm dificuldade em se conformar. Na Índia, os macacos têm liberdade de viver em áreas urbanas. Em Nova Délhi, fui testemunha de um método muito interessante para capturar macacos em locais públicos: gaiolas feitas de bambu, cheias de pequenas bananas, são colocadas em praças públicas. Os macacos vêem as frutas de casca bem amarela e acabam se aproximando das gaiolas. Um ou dois enfiam as mãos entre os bambus e agarram uma banana. Quando um macaco segura uma banana, não a larga de jeito nenhum; então, imagine o tal macaco segurando a banana que parece estar presa na gaiola. Ele fica aborrecido, ele quer a banana, não a gaiola! Começa a pular e a fazer a maior confusão porque não consegue libertar-se da gaiola. Tudo o que precisa fazer é largar a banana e estará livre. Mas não larga, não aceita, não consegue. Então, alguém vem e o leva embora, com a gaiola e a banana.

O que você está segurando com tanta força que te impede de conquistar a liberdade? Embora muitas pendências tenham soluções, há algumas das quais precisamos nos afastar. De que você precisa afastar-se? O que está roubando sua felicidade e paz de espírito? Quando eu fazia aconselhamento de casais que teimavam em relação a algum assunto, eu lhes dizia: "Vocês podem ter razão, ou ter felicidade. A escolha é sua." E quanto a você? Prefere se agarrar a algo ou ser feliz? A escolha é sua.

AS DESCULPAS QUE USAMOS

Quando falamos de assuntos não resolvidos, várias desculpas logo nos vêm à mente. Aqui estão algumas das mais comuns.

NÃO TENHO TEMPO

Suponhamos que você vá viver até os 80 anos. Isso quer dizer que você terá 960 meses, 4.160 semanas, 29.200 dias ou 700.800 horas. Se você tem 40 anos, ainda tem 480 meses, 2.080 semanas, 14.600 dias ou 350.400 horas para viver, se não for atropelado por um caminhão, é claro.

O que você vai fazer com esse tempo é escolha sua. Seja proativo. Você decide; não permita que decidam por você, faça o que for mais importante para sua vida. Faça com que cada dia valha a pena.

A CULPA NÃO É MINHA

Ou "Não tive escolha", ou "Não é minha responsabilidade". Quando colocamos a culpa nos outros, jogamos fora nosso poder, passamos a ser vítimas. Estudos demonstraram que somente 3% dos presidiários admitem a própria responsabilidade pelas escolhas que fizeram e que os levaram ao lugar em que se encontram. Quando perguntados sobre os motivos pelos quais estão presos, alguns deles respondem: "Porque meu comparsa me traiu e me pegaram."

EU SEMPRE ME ESQUEÇO

Uma variação dessa desculpa é: "Vou parar de me preocupar e, talvez, o problema desapareça." As pessoas que usam essa desculpa são aquelas que estão sempre deixando para mais tarde. Elas precisam aprender a ativar o botão de agir, precisam colocar as desculpas de lado e "fazer as coisas agora".

NINGUÉM ME AVISOU

Ou "Eu não sabia", "Como é que eu ia adivinhar?". Essa é a resposta dos imaturos. Quando somos crianças, podemos utilizar essa desculpa sem o menor problema, mas, quando nos tornamos adultos, isso não se aplica mais. Informe-se. Descubra o que precisa saber e, então, aja. Assuma a responsabilidade por sua própria vida.

É ASSIM QUE EU SOU

Em outras palavras: "Nunca vou mudar." Essas pessoas optam por permanecer fechadas e ignorantes, sugerindo que já estão completas e que os outros é que precisam mudar. Isso é a voz do ego, e quando o ego fala, as pendências continuam irrealizadas, não há solução, não há cura. Esteja sempre aberto, aceite a possibilidade de outro caminho. Como me disse, um dia, um participante de um seminário: "Ou você está verde e amadurecendo, ou está maduro e apodrecendo."

Reflita sobre essas desculpas e seja honesto consigo mesmo. Quais delas você usa e por quê? Você pode começar lidando com algumas de suas pendências agora mesmo, se estiver disposto a abandonar as desculpas. Nós achamos que vamos viver para sempre, postergamos inúmeras vezes, achando que temos todo o tempo do mundo.

Um policial da cidade de meus pais estava no último dia de trabalho antes de aposentar-se, após trinta anos na corporação. Ele planejava levar uma vida mais tranqüila ao lado da esposa. Tinham muitos planos, como, por exemplo, fazer uma viagem até Fiji, um antigo sonho do casal. Naquele dia, ele mandou um motorista parar na beira da estrada e, enquanto esperava para conferir a documentação, foi atropelado. Três horas depois, estava morto numa cama de hospital. Nunca sabemos quando nosso tempo vai expirar.

ASSUMINDO RISCOS: ATRAVESSANDO A ZONA DE SEGURANÇA

Por que ter medo de assumir riscos razoáveis? Você tem medo de sua reputação, medo do que os outros pensam? Faça a si mesmo essas perguntas: o que tenho a perder? O que de pior pode acontecer? Estou satisfeito e disposto a viver o resto de minha vida dessa maneira? Comparado à morte, isso é mesmo tão arriscado?

BRIAN WEISS

Em outubro de 1994, o navio escandinavo Estônia afundou perto da costa da Suécia. Uma violenta tempestade criou um desequilíbrio na carga; eram veículos, organizados em fileiras, que foram jogados para um só lado, fazendo com que o navio tombasse. Em pouco tempo, a água começou a invadir o barco e a puxá-lo para o fundo. Os tripulantes sabiam que a situação era grave; disseram aos passageiros que cada um deles teria uma escolha a fazer e que teriam de escolher rápido. As opções eram acomodar-se num pequeno bote e esperar que alguém os resgatasse ou ficar a bordo e arriscar-se a afundar.

Havia mil pessoas a bordo: a maioria delas analisou as opções e preferiu ficar no ambiente seco e confortável em que se encontrava. Cem pessoas tiveram a coragem de lançar-se ao desconhecido, em meio à feroz tempestade. Foi um percurso difícil, mas elas se mantiveram firmes e acabaram sendo resgatadas; assumiram o risco de sair da zona de conforto. Esses cem corações valentes estão vivos hoje. Os outros passageiros, os 900 que permaneceram a bordo, afundaram com o navio.

Você prefere atravessar a zona de segurança ou ficar confortável, mas sem saída? Você assume riscos e cresce ou contenta-se com menos? Provavelmente já lhe disseram que, hoje em dia, até sair de casa é perigoso, entrar num avião ou dirigir um automóvel também são situações que apresentam riscos, mas não deixamos de fazê-lo. Quais são os outros riscos? Falar o que pensa, mesmo contrariando outras pessoas; sair de um relacionamento abusivo; dizer não; mudar de emprego, de cidade ou de país.

Você assume riscos e cresce ou contenta-se com menos?

O risco é relativo, o que é arriscado para você pode não ser para mim e vice-versa. Pense no significado do risco para você e decida quais deles você está disposto a assumir. Tenho observado que, para alguns indivíduos, o simples fato de assumir riscos faz com que suas pontes se construam, como num passe de mágica. Assumir riscos lhes traz a fé que os faz acreditar em si mesmos e sair em busca daquilo que desejam. Se quisermos viver integralmente e participar desse milagre chamado vida, precisamos assumir riscos. Há bastante tempo, apresento para os participantes de meus seminários o poema que se segue; ele traz uma perturbadora visão da pessoa que se recusa a assumir riscos.

Quem ri corre o risco de parecer tolo.
Quem chora se arrisca a parecer sentimental.
Quem busca o outro corre o risco de envolver-se.
Quem revela os sentimentos arrisca-se a mostrar quem é.
Quem expõe suas idéias e sonhos arrisca-se a perdê-los.
Quem ama arrisca-se a não ser correspondido.
Quem vive corre o risco de morrer.
Quem espera arrisca-se ao desespero.
Mas arriscar é preciso, perigoso é não arriscar nunca.
Quem não arrisca não faz nada, não tem nada, não é nada.
Evitando a dor, nada aprende, muda ou sente, nada cresce, ama ou vive.

Sua postura o acorrenta, torna-o um mero escravo: renunciou à liberdade, pois só é livre o homem que corre riscos.
Anônimo

Este é o verdadeiro paradoxo. As mudanças são desconfortáveis, mas sem elas não há crescimento. Portanto, para crescer, precisamos sair da zona de conforto, precisamos fazer algo diferente, experimentar algo diferente, ativar o botão de agir com coragem. Gandhi disse: "Seja a mudança que deseja ver neste mundo." Em outras palavras, mostre o caminho! Vá em frente. Seja um exemplo. Aja. Mas como fazer isso quando tantos indivíduos estão atormentados pelos fracassos do passado?

DÊ UM TROPEÇÃO PARA A FRENTE

É caindo no abismo que recuperamos os tesouros da vida. É no lugar em que você tropeça que se esconde seu tesouro. Aquela mesma caverna onde você teme entrar transforma-se na fonte daquilo que você procura.
JOSEPH CAMPBELL

Quanto mais o tempo passa, mais percebo que a vida é uma série de passos, dois para a frente, um para trás, e que deve ser assim mesmo. Quando somos jovens, não temos paciência para esperar o sucesso e achamos, de maneira irrealista, que nosso progresso vai acontecer em linha reta. Quando passamos por problemas, ficamos abalados e desistimos. Corações valentes sabem que o fracasso faz parte da vida, que ele é nosso aliado. Corações valentes aprendem através dos próprios erros.

Eu me lembro da imensa tristeza que senti ao saber que só acertara metade da prova de cálculo na universidade; era o suficiente para não ser reprovada, mas para mim era o mesmo que um zero. Como eu poderia ter fracassado dessa maneira? Lembro-me da vergonha e da humilhação que senti. Fui até a beira do lago, sentei-me em minha pedra favorita e chorei até as lágrimas secarem. Eu havia tropeçado; levei um bom tempo para perceber o valor do meu fracasso, pois minha autoconfiança ficou abalada. Precisei perceber que havia outras áreas de conhecimento nas quais eu era boa e que não precisaria de cálculos para cumprir meu propósito na Terra.

Em sua vida, também aparecerão momentos em que você vai tropeçar, vivenciar problemas, perder o emprego, terminar um relacionamento. Em vez de sentir-se mal e entrar em depressão, use os fracassos como fontes de informação, permita que eles façam sua alma desenvolver-se. Não deixe que lhe roubem a confiança e o impeçam de correr riscos, use-os como guias que o ajudem a definir-se e aperfeiçoar-se para cumprir bem sua missão.

Nós fomos programados para o sucesso desde o nascimento. Enxergamos o fracasso como algo ruim, algo do qual devemos nos envergonhar. O fracasso, porém, faz parte da vida. Não é o fracasso que nos impede de progredir, mas nossa atitude em relação a ele. Como você reage quando tropeça? Se você aprende com a experiência, continua a andar para a frente. Mas, se não extrai nenhum conhecimento, o fracasso rouba sua confiança e energia, deixando-o imobilizado.

Às vezes, há períodos em nossas vidas em que nos descobrimos no vale da escuridão, sentindo-nos sozinhos e deprimidos. Os fracassos podem nos levar até lá. Mas esse período de infortúnios pode ser uma espécie de "catapora da alma"; assim como algumas doenças da infância são necessárias para fortalecer o sistema imunológico, vivenciar o fracasso e as noites escuras é necessário para fortalecer o caráter, o comprometimento e a iniciativa.

DIGA O QUE PENSA

... primeiro, os nazistas perseguiram os comunistas, e eu me calei... então, eles perseguiram os judeus, e eu me calei... depois, perseguiram os operários sindicalizados, e eu me calei... então, perseguiram os católicos, e eu me calei... e, depois, eles me perseguiram... e, naquele momento, não havia sobrado ninguém para levantar a voz.

MARTIN NIEMOELLER

Nós aprendemos a não nos intrometer nas questões que não nos dizem respeito, a não criar problemas, a não dizer nada. Esse é um dos motivos pelos quais 6 milhões de judeus perderam suas vidas. Ignoramos as injustiças, fechando os olhos à crueldade, aos que dormem nas ruas, ao desespero. Não é porque não nos importamos, mas porque o medo

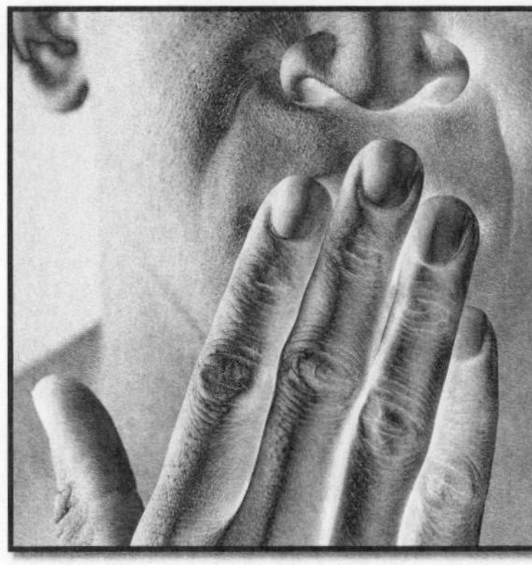

nos impede de fazer o que é certo. E começamos a fazer o que é certo quando levantamos nossa voz.

Um cliente, a quem chamaremos Wayne, estava deprimido. Seis meses antes, ele tivera um descontrole emocional no trabalho: caiu em prantos e simplesmente não conseguia parar; sua tristeza era esmagadora. Desde então, ele tem tomado antidepressivos e, aos poucos, está conseguindo arrastar-se para fora desse abismo.

Numa manhã, ele me telefonou por causa de um grave problema: sua mãe havia sofrido um derrame cerebral e ele e os irmãos correram para o hospital. A família reuniu-se na capela para fazer orações. Wayne, que é o caçula de cinco filhos, disse-me que o fato de estarem todos ali, juntos, relembrando os tempos de infância, provocara nele uma sensação de bem-estar. "Eu dei força a todos, principalmente às minhas irmãs." Mas o tempo foi passando, e os dias e noites ao lado da mãe doente acabaram por causar-lhe um profundo estresse. Wayne não conseguia dormir e sentia que estava enfraquecendo. "Sinto que vou perder o controle outra vez", disse-me ele.

Após acalmá-lo, descobri que, além da falta de sono e da ansiedade em relação à saúde da mãe, dois eventos importantes haviam abalado seu auto-respeito. Um deles acontecera no hospital, quando o namorado de sua irmã criticara a família por não ter colocado a mãe numa casa de repouso. Wayne ficou muito perturbado com aquelas palavras e com o efeito que causaram nos outros irmãos, mas não disse nada. Quando o rapaz foi embora, meu cliente estava tremendo de nervoso.

O segundo evento deu-se na manhã seguinte, quando Wayne disse à esposa que não estava disposto a sair para trabalhar. Esperando que ela o compreendesse e apoiasse, ele ficou perplexo ao ouvi-la dizer: "Bem, espero que você não esteja pensando em tirar mais alguma licença." E, mais uma vez, ele se calou. Wayne detesta discussões, e não é o único – muitas pessoas foram educadas para achar que discussões são sempre ruins. Nós tentamos evitá-las ao máximo e acabamos pagando um alto preço a intermediários que resolvam as divergências em nosso lugar.

Quando peço aos participantes de meus seminários que escrevam três assuntos pendentes em suas vidas, os conflitos não resolvidos são sempre os primeiros da lista. Nós somos programados desde a infância: "Não faça escândalo", "Seja gentil", "Não diga nada". Toda essa programação nos amordaça. Nós nos calamos, toleramos, cedemos, engolimos a nossa verdade e, pouco a pouco, corroemos nosso auto-respeito. Levantar a voz exige coragem. Dependendo da autoconfiança que têm em determinado momento, muitos indivíduos não estão preparados para correr riscos. "Se eu disser a meu chefe o que realmente penso, posso perder o emprego." "Se eu não me calar nessa reunião de família, todos ficarão aborrecidos." "Se eu disser à minha amiga o que realmente acho, ela pode ficar chateada ou até pensar mal de mim."

Às vezes, quando emoções intensas estão envolvidas, é bom dar um tempo e não dizer nada. Não há problema em deixar para falar mais tarde, mas não muito tarde! Segundo a regra, são sete dias; se você não debater o conflito nesse tempo, provavelmente, nunca o fará. É claro que existem situações nas quais deixamos algo passar ou fingimos não ver muitas coisas, e não há nenhum problema nisso; mas não podemos permitir que essa atitude se torne um hábito e que passemos a nos calar sempre, enquanto o coração grita. Usar a voz e dizer o que se pensa é um direito, mas envolve riscos; entretanto, se não nos arriscarmos, seremos vítimas.

Não sou uma pessoa de grande força física, mas sempre fui capaz de usar minha voz para proteger a mim mesma e os que amo. Quando eu era criança, usei a voz para salvar meu irmão mais novo de meninos que viviam implicando com ele. John, que é três anos mais novo que eu, tinha problemas com a pronúncia da letra "s", usava óculos e andava com os pés para dentro. Era um alvo fácil de brincadeiras maldosas. Eu era menor que os garotos que implicavam com ele, mas a fúria presente em minha voz os fez correr: eles logo viram que era melhor não mexer com a irmã mais velha do John.

Muitos participantes de meus seminários me dizem que têm medo de dizer o que pensam no trabalho. Você já deve ter visto esta cena: ninguém faz críticas nas reuniões, mas depois, nos corredores, banheiros ou durante o café, todos têm uma opinião. Você não precisa falar alto, não precisa gritar: seja assertivo, mas não agressivo. As pessoas assertivas são firmes em relação aos temas, mas flexíveis em relação às pessoas; não são grosseiras e nem rudes, mas sabem se fazer ouvir.

As palavras são poderosas, mas o mais importante é como nós as usamos, o tom de voz, a maneira como falamos. Se abrimos a boca, mas parecemos hesitantes, as pessoas não nos ouvem. Demonstre confiança; pratique com um amigo ou um espelho. Há alguém em sua vida com quem você precisa trocar umas palavras? Quando nos calamos, perdemos o auto-respeito e o controle. É um processo lento e gradual, como a gota d'água que bate nas pedras, erodindo nosso Eu e tudo aquilo em que acreditamos. Pagamos um alto preço por essa postura.

Dependendo da química pessoal, a verdade calada acumula-se no reservatório de raivas ou no de tristezas; se for para o primeiro reservatório, assim que ele ficar cheio, o indivíduo explode; se for para o segundo, o indivíduo se fecha e acaba deprimido. Foi o que aconteceu a Wayne: nós somos seres complexos, interligados e espirituais, quando engolimos nossa verdade e não expressamos nossos pensamentos e sentimentos, estamos negando uma parte da nossa identidade, empurramos nosso eu verdadeiro para tão longe que acabamos sem saber quem somos.

As palavras são poderosas, mas o mais importante é como nós as usamos, o tom de voz.

Não é de admirar que muitos adultos tenham uma crise de identidade quando atingem a meia-idade. Lembre-se da poderosa mensagem de Eleanor Roosevelt: "Ninguém pode fazê-lo sentir-se inferiorizado sem seu consentimento." Diga o que pensa, experimente pelo menos uma vez e observe a diferença. Você vai se sentir seguro para tentar de novo. Exercite sua voz; sinta medo, mas abra a boca assim mesmo.

NÃO JOGUE NA DEFENSIVA

Perdi mais de 9.000 cestas em minha carreira. Perdi quase 300 jogos. Vinte e seis vezes, a cesta decisiva esteve em minhas mãos e eu a perdi. Fracassei inúmeras vezes na vida. E foi por isso que venci.
MICHAEL JORDAN

Jasper, meu filho, joga futebol. Uma vez, perguntei ao técnico do time se Jasper poderia tentar jogar no ataque. Ele marcara um gol e comentara comigo que gostaria de experimentar uma nova posição no jogo, fora da defesa. O técnico não se mostrou muito receptivo à idéia e disse que "precisava de Jasper no meio-de-campo, pois ele não deixava ninguém passar". Embora fosse um elogio, achei estranho que a maior preocupação do técnico fosse defender a rede em vez de marcar gols.

Comecei a observar que existem pessoas que jogam o jogo da vida exatamente dessa maneira. Se você joga sempre na defesa, sua motivação é o medo, medo de que alguém possa conseguir aquele emprego, possa vencê-lo, possa ser melhor que você e, por isso, fica sempre em estado de alerta, temendo que alguém lhe tire alguma coisa. Como resultado, todos os seus esforços são utilizados para defender sua rede, e você fica esperando que a ação venha a seu encontro. Pessoas que agem assim nunca se arriscam, pois estão concentradas em proteger a rede: elas nunca passam do meio-de-campo.

Por outro lado, quando você joga o jogo da vida na ofensiva, corre atrás da bola. Torna-se líder, corre riscos, é um coração valente. Não tem medo de tomar a bola e sair correndo. Isso não quer dizer que você nunca aja na defensiva nem que vá ganhar sempre, mas apenas que vai concentrar a maior parte de suas energias a fim de chutar para o gol e não para defender sua rede. A seleção do Brasil joga dessa maneira, seus atletas atuam com paixão e coragem, buscam fazer gols. Eles não ganham sempre, mas jogam o futebol mais ousado e excitante e, para mim, isso é o que realmente importa.

Todos nós precisamos jogar o jogo da vida com entusiasmo. E você? Joga seu jogo na ofensiva ou na defensiva? Você se lança apaixonadamente em busca de gols ou concentra-se em proteger sua rede? Todos os dias, temos escolhas sobre como vamos jogar o jogo da vida: você pode optar pela total segurança ou pode correr riscos.

DESAFIE SEUS MAPAS MENTAIS

Nós achamos que enxergamos as coisas como são, que somos objetivos. Mas isso não é verdade: nós vemos o mundo não como ele é, mas como nós somos ou como somos condicionados a enxergá-lo.
STEPHEN COVEY

Eu tinha acabado de entrar num avião quando percebi que, na primeira classe, havia um homem que usava um enorme alfinete de gancho, do tipo que se usava nas fraldas de pano, para prender a gravata de seda. A gravata estava toda dobrada, dando àquele sujeito uma aparência ridícula. Confusa, fiquei observando o rosto dele. "Seria um daqueles gênios da matemática esquisitões, capazes de multiplicar qualquer número de cabeça, mas incapazes de se vestir direito? Por que ninguém deu uma olhada antes de deixá-lo sair de casa desse jeito? Coitado! Viajando na primeira classe com uma aparência dessas!"

Olhei ao redor para ver se mais alguém havia percebido o detalhe da gravata, mas todos pareciam indiferentes. "Muito educados ou muito estressados", pensei. Entretanto, quando dei mais alguns passos, houve uma mudança de paradigma. A gravata daquele homem segurava seu braço que estava engessado. De onde eu estava, não pude ter uma visão completa do cenário. Senti-me tola, mas o incidente me fez pensar sobre quantas vezes nós defendemos nosso ponto de vista sem conhecer todos os fatos. E, no entanto, tudo o que precisamos fazer é dar um passo, observar um pouco mais de perto, e uma verdade diferente nos será revelada.

Nossas mais profundas crenças formam uma tela através da qual nós experimentamos o mundo – são nossos mapas mentais. Em geral, não permitimos que informações que estejam em desacordo com nossas crenças atravessem as tramas dessa tela, nós as filtramos.

Para podermos crescer, precisamos estar abertos para ver o mundo de maneira diferente, precisamos colocar um novo par de óculos. Quando agimos assim, experimentamos um momento de iluminação ou de mudança de paradigma. Momentos de iluminação não poderão acontecer se formos arrogantes ou tivermos muita certeza de nossas crenças. A certeza nos mantém presos a velhos paradigmas. Onde estaríamos hoje sem descobertas e invenções como a eletricidade, a teoria da relatividade, aviões, o rádio e o *microchip*?

Talvez seja preciso sair da mente e enxergar com os olhos do coração.

É preciso coragem para desafiar os mapas mentais, ver o mundo sob um ângulo diferente, abrir as cortinas. A criatividade acontece quando somos capazes de dar um passo além e fazer uma pergunta diferente. Mas, para fazer isso, temos de ser corações valentes. Talvez seja preciso sair da mente e enxergar com os olhos do coração. Que área de sua vida precisa de uma nova visão?

Há alguns anos, contratei uma moça para me ajudar na administração. Lori tinha, ao mesmo tempo, outro emprego de meio expediente, além de fazer um curso noturno. Seus dias eram sempre muito ocupados. Todas as vezes que encontrava alguém da família, Lori sentia-se inferiorizada por não ter ainda conseguido um emprego fixo. "E se você dissesse a eles que é uma consultora?", sugeri um dia. "E que já tem dois clientes importantes!" Os olhos dela se iluminaram. "Vou tentar", respondeu. Os parentes ficaram impressionados, e Lori passou a se sentir poderosa, uma mulher que controlava o próprio destino. E tudo o que ela fez foi desafiar o mapa mental de como ganhava a vida, reinterpretando sua experiência de trabalho.

Para ser capaz de desafiar os mapas mentais, precisamos ter consciência de como percebemos o mundo. De que perspectiva nós o enxergamos? Minha avó, a quem eu chamava de "nonna", passou a maior parte da vida numa pequena vila, no sul da Itália. Ela não viajava muito porque nunca saía de perto da filha deficiente, Barbarella. Você já pode imaginar o entusiasmo que ela sentiu quando o filho, meu tio Jimmy, que morava na Austrália e apareceu para visitá-la, convidou-a a viajar até Foggia e conhecer o santuário da Madona. Voltando para casa de automóvel, minha avó ficou pensativa enquanto admirava o lindo pôr-do-sol. Foggia ficava a menos de duas horas da casa dela, mas vovó olhou para tio Jimmy e disse: *Mamma mia, come è grande questo mondo,* ou seja: "Meu Deus, como este mundo é grande!" Foi um comentário inocente de uma mulher que teve uma vida simples, mas meu tio ficou surpreso e perguntou: "O que você acharia do mundo se tivesse passado trinta e cinco horas dentro de um avião?" Como a mesma experiência pode provocar sensações tão diferentes em duas pessoas? Isso acontece porque, como diz Talmud: "Nós não enxergamos o mundo como ele é, mas como nós somos."

Eu acho ótima a história de um rapaz que está dirigindo por uma estrada. O automóvel é conversível e a capota está aberta, o sol está brilhando e ele vai desfrutando das curvas dessa estrada. De repente, outro carro aparece, vindo do lado oposto e quase provoca um acidente. Ao passar pelo rapaz, a outra motorista coloca a cabeça para fora da janela e grita "Porco!" Indignado, o rapaz pensa: "Como ela ousa me xingar de porco? Foi ela que quase bateu no meu carro!" Ele acelera, faz a curva e atropela o porco.

Algumas vezes, percebemos o mundo de uma forma quando ele é de uma outra. Então, a verdade vem como um tapa na cara e nos vemos obrigados a abandonar antigos paradigmas. Mas é assim que crescemos, é assim que nos despimos da pele antiga e abrimos espaço para uma nova. Que área de sua vida precisa ser percebida de maneira diferente? Quem tem gritado "porco!" para você? Que possibilidades e oportunidades estão esperando que você as enxergue? Que mapas mentais o têm impedido de atravessar sua ponte?

AJA COMO SE SOUBESSE

Aja como se fosse algo e você o atrairá para si. O modo pelo qual você age como se fosse é o que você se torna.

NEALE DONALD WALSH

Durante um seminário do qual participei, o instrutor usou o princípio do "aja como se soubesse" quando as pessoas tiveram algumas dúvidas e fizeram perguntas. Ele estava ensinando uma técnica de visualização que envolvia imaginar o próprio futuro. Alguns participantes achavam que não eram capazes de fazer o que ele pedia e, frustrados, queriam que o instrutor lhes desse a resposta certa. Com muita calma, ele perguntou

a cada um deles: "O que você acha?" A resposta, em geral, era: "Não sei. É por isso que estou perguntando." E ele respondia: "Eu sei que você não sabe, mas, se você soubesse, qual seria a resposta?" Todos apresentavam alguma opção. "Bem, então essa é sua resposta", dizia ele e dirigia-se ao próximo participante. Assim que vivenciavam essa incrível mudança, as pessoas se sentavam e sorriam. "Ora", pareciam pensar, "então eu sabia mesmo a resposta." Algumas delas, ao perceberem o que acabara de acontecer, demonstravam constrangimento, como se dissessem: "Era só isso? Tão simples assim?"

Observar esse processo foi um momento mágico. Todos nós trazemos, guardadas em nosso interior, as respostas que buscamos: às vezes, porém, precisamos que uma pessoa mais experiente as faça emergir. Durante toda aquela semana, sempre que um participante se mostrava em dúvida, o instrutor usava a mesma técnica: "Eu sei que você não sabe, mas, se você soubesse, qual seria a resposta?" Brilhante. Com o passar do tempo, assim que uma pergunta surgia, todos começavam a repetir: "Eu sei que você não sabe, mas..." No fim da semana, percebemos que não existe essa história de não sabermos quem somos. Se nos esquecemos, só precisamos que alguém nos faça lembrar. A verdade está sempre ali, dentro de cada um de nós.

O filósofo grego Platão escreveu sobre isso há mais de 2 mil anos. Segundo sua teoria, todo conhecimento é lembrado, o conhecimento precede a experiência e tudo o que procuramos saber já está dentro de nós. Os filósofos da atualidade demonstram concordar: mergulhe em si mesmo, encontre seu Eu verdadeiro, perscrute sua sabedoria interior, ouça seu Eu superior. Da próxima vez em que você estiver diante de uma decisão difícil ou de uma incerteza, aja como se já soubesse. Pergunte-se: Eu sei que não sei o que fazer nesta situação, mas, se soubesse, o que faria? Eu sei que não sei o que dizer, mas, se soubesse, o que diria? Eu sei que não tenho uma resposta, mas, se tivesse, qual seria? Essa é uma poderosa técnica para entrar em contato com sua intuição, seu Eu sagrado, sua sabedoria superior.

Outra maneira de começar a agir, mesmo quando sentimos medo e estamos inseguros, é agir como se fizéssemos parte do grupo. Eu havia acabado de me formar, e todos os jornais diziam que a Canadian Broadcasting Corporation não estava fazendo novas contratações. Eu sabia que, se quisesse trabalhar na renomada CBC, teria de causar algum impacto. Então, apareci lá usando minha melhor roupa, assumi uma postura confiante e passei pelos manobristas, funcionários e seguranças, indo diretamente ao escritório do produtor executivo da CBC TV News. Ninguém me parou, ninguém pediu minha identidade. Simplesmente entrei.

O produtor ficou admirado e me perguntou várias vezes como eu conseguira entrar em seu escritório. "Não tenho certeza. Cheguei aqui e entrei", respondi. Ele mal pôde acreditar. "Mas você não tem nem crachá. Como passou pela segurança?" Eu dei de ombros. "Ora, fui entrando", respondi. O produtor me disse que, sem nenhuma experiência, eu teria muitas dificuldades para trabalhar na televisão. "Primeiro, aprenda a trabalhar no rádio. Em poucos anos, você poderá tentar a televisão." Como ficou impressionado com minha coragem, ele me mandou falar com um colega na CBC Radio News. Consegui um emprego e fiquei cinco anos na empresa, trabalhando como repórter, editora e produtora. Sei que minha entrada ali foi resultado do fato de eu ter agido como se já pertencesse àquele ambiente de trabalho.

> Definir seu maior medo é, em geral, o primeiro passo para enfraquecê-lo.

Para dar o primeiro passo e atravessar a ponte, pode ser preciso agir como se você soubesse, agir como se pertencesse ao grupo ou como se já tivesse atravessado a ponte com sucesso, mesmo que, por dentro, esteja morrendo de medo. Lembre-se de perguntar a si mesmo: "O que de pior poderia acontecer?" Definir seu maior medo é, em geral, o primeiro passo para enfraquecê-lo. Seja abrindo seu próprio negócio, demitindo-se do emprego, voltando a estudar ou declarando seu amor, é preciso agir, não importa que o medo esteja se manifestando em seu peito, estômago ou joelhos. Se sua fé não é forte o bastante, e você não acredita que é capaz, aja como se fosse e observe sua fé multiplicar-se. Você vai se surpreender.

NÃO SE PRENDA A RESULTADOS

Em vez de preocupar-se com conseqüências e resultados específicos, faça o que tiver de ser feito.
BRIAN WEISS

Como seres humanos, uma de nossas maiores imperfeições é a devastadora necessidade de conhecer as conseqüências. Nós sempre nos preocupamos com o resultado final, e essa atitude é responsável por muitos de nossos males, pois faz com que muitas pessoas vivam suas vidas de uma forma condicional. "Vou amá-lo se você me amar", "Vou lhe dar uma coisa se você me der outra", "Serei feliz se tudo der certo". Nós deixamos de amar, arriscar e viver porque nos preocupamos demais com os resultados. Nós nos concentramos mais no placar do que no jogo, mais no destino do que na viagem, mais nas notas do que na aprendizagem, mais na pergunta do que na resposta.

Precisamos agir porque é o que deve ser feito, precisamos mostrar ao mundo nosso amor, compartilhar nossos dons, experimentar novidades, assumir riscos, sem nos preocuparmos com o que os outros vão dizer ou pensar. Nossas atitudes podem ter resultados bons ou ruins, conseqüências positivas ou negativas. Apegar-se somente aos resultados pode nos tornar medrosos, e o medo nos impede de agir, não nos deixa atravessar a ponte.

Na sessão anterior, eu lhe disse que, para esperar o sucesso, você deveria agir como se já o tivesse, e ele logo viria. Agora, estou lhe dizendo para não ter expectativas. Deixe-me explicar: acho natural ter expectativas, mas costumamos esperar grandes coisas dos outros, em vez de esperá-las de nós mesmos. Esperar que a ponte esteja lá quando você for atravessá-la é um ato de fé, fé em suas habilidades. Se o outro vai lhe dar algo em troca do que você lhe deu é algo que foge a seu controle. Não abra a porta para as decepções. Você não controla os outros, somente a si mesmo.

TOME DECISÕES

Mova-se com o vento. Sua vida é uma dança. Sua escolha é simples: você pode dançar ou não.
PAUL FERRINI

Você é uma daquelas pessoas que não conseguem tomar decisões? Que ficam em cima do muro, esperando que alguém as empurre para um dos lados? Tomar uma decisão é um ato de coragem, pois é preciso assumir a responsabilidade pela decisão que tomamos e, com freqüência, somos imaturos demais para fazê-lo. Mas a alma deseja que tomemos decisões, porque, quando optamos por nos mover com o vento, estamos revelando quem verdadeiramente somos.

Suas decisões dizem ao mundo quem você é. Devo morar na cidade grande ou no interior? Vou de carro ou de ônibus? Pinto essa parede de verde ou de alaranjado? Compro ou alugo um apartamento? Nós tomamos decisões todos os dias. Como frango ou massa? Paro no sinal amarelo ou continuo? Para viver com autenticidade, é preciso assumir o processo de tomada de decisões. É melhor seguir o próprio caminho, cometer um erro e aprender através dele do que não tomar nenhuma decisão e se deixar levar ou, pior ainda, esperar que alguém decida seu destino.

Quando tomamos decisões, enfrentamos o medo cara a cara. Não importa que o resultado seja positivo ou negativo, não importa que a decisão acabe se mostrando acertada ou errada, quando tomamos uma decisão, nós crescemos. Só podemos saber o resultado de uma prova depois de fazê-la, assim como só podemos saber se uma decisão é boa ou não depois de tomá-la. É por isso que decisões podem significar riscos.

Algumas vezes, tomamos decisões muito simples, que não nos impõem nenhum risco, como "é hora de dormir". Mas outras decisões podem mudar nossas vidas: Devo casar-me com essa pessoa? Largo ou não meu emprego? Digo o que penso ou me calo? Fico aqui mesmo ou mudo para onde o meu coração quer me levar? Atravesso a ponte ou fico onde estou? Se não tomamos as decisões de que precisamos, adiamos nossa vida para sempre, ficamos apenas passando o tempo.

Você já ouviu frases como estas: "Farei isso depois que conseguir um emprego", "Farei isso depois que tiver filhos", "Farei isso quando meus filhos crescerem." E assim por diante. Já percebeu? Afinal, o que é a vida sem coragem, crescimento e escolhas, mesmo que elas incluam erros?

A estrada da vida é cheia de buracos, mas e daí? Eles não nos impedem de dar um salto e atravessá-los. Podemos cair e ferir os joelhos ou o orgulho, mas é assim que aprendemos. Tem sido assim desde o começo do mundo, nós nos levantamos e fazemos outras tentativas. Precisamos assumir riscos para participar integralmente da experiência humana. Não espere que ninguém tome decisões por você; seja corajoso e tome-as sozinho. Seja um coração valente e decida! Dê o passo e atravesse a ponte hoje mesmo.

ALGUNS EXERCÍCIOS ÚTEIS

EXERCÍCIO *CARPE DIEM*

Se eu lhe pedisse para completar esta frase, o que você diria? "Se não houvesse obstáculos em minha vida, um dia eu..." Se não houvesse obstáculos em sua vida (por exemplo, se tivesse dinheiro, tempo e coragem de sobra), o que você faria? Depois, faça uma lista dos motivos pelos quais você ainda não "aproveitou o dia". Examine esses motivos. Eles são obstáculos reais ou será que sua percepção precisa mudar? Escolha um ponto no qual gostaria de concentrar-se e elabore um plano de ação (veja o exercício sobre definição de objetivos no capítulo 3). Em outras palavras, pergunte a si mesmo que passos você precisa dar para fazer com que esse ponto aconteça. Essas aventuras e sonhos estão esperando por você do outro lado da ponte. Todos são possíveis. Tudo o que você precisa fazer é aproveitar o dia e fazer as coisas agora!

MEDITAÇÃO SOBRE O MEDO

Quando preciso ajudar meus clientes a não deixarem de agir devido ao medo, utilizo o exercício abaixo para torná-los conscientes de como o medo pode tomar conta de seu corpo, impedindo-os de dar o passo.

Relaxe

De pé, dentro ou fora de casa, concentre-se em sua respiração. Cada vez que inspirar e expirar, sinta seu corpo relaxar-se. Concentre-se em sua respiração por alguns minutos e sinta seus ombros, seu corpo inteiro, afundando no chão.

Concentre-se num desejo

Feche os olhos e pense em algo que deseja, algo que esteja esperando por você do outro lado da ponte, o desejo do coração. Pode ser um objetivo palpável ou algo mais interior, como sentir-se mais confiante ou corajoso. Imagine sua vida com esse desejo realizado. Qual é a sensação de ter esse desejo realizado? Use todos os sentidos. Crie uma imagem vívida e colorida.

Comece a mover-se

Agora, abra os olhos e escolha um ponto qualquer à sua frente. Pode ser o tronco de uma árvore, a lareira, uma cerca. Concentre-se nesse lugar e imagine que representa o que você deseja, o desejo no qual você estava se concentrando. Comece a mover-se na direção desse ponto, observando como seu corpo se sente. Se o medo aparecer, especifique-o e identifique onde ele se localiza e como ele o afeta. Não tente ignorá-lo, evitá-lo ou fingir que ele não existe. Receba-o. Mas continue movendo os pés na direção de seu desejo. Se precisar parar por um instante, tudo bem. Não se apresse. Simplesmente aceite o que está sentindo. Mantenha a visão de seu desejo viva em sua mente. Isso irá permitir que você não pare de caminhar, apesar dos sentimentos desconfortáveis que possa experimentar.

Pergunte: "Alguém morreu?"

Há pouco tempo, reencontrei-me com uma pessoa que não via há vinte e cinco anos. Ellen e eu éramos as melhores amigas na escola, nos tempos de criança. Ela apareceu para assistir a uma de minhas palestras que fora anunciada no jornal da cidade. Fiquei muito feliz pela chance de revê-la; depois, ela me escreveu uma carta contando que o casal havia perdido o primeiro filho, que nascera com um problema cardíaco. Essa experiência havia causado uma grande mudança na vida de ambos, ajudando-os a priorizar o que era realmente importante em suas vidas. Hoje, quando há algum problema na família ou quando um dos dois tem uma crise pessoal, eles se perguntam: "Alguém morreu?" Isso os ajuda a concentrar-se no que é realmente importante. Acho que poderíamos nos fazer essa pergunta com mais freqüência, quando o mundo estiver desabando sob nossos pés ou quando estivermos dominados pelo medo. Essa importante questão é semelhante àquela outra: "O que de pior pode acontecer?" Para a maioria das pessoas, o pior que pode acontecer é a morte e, raramente, ela é o resultado daquilo que tememos.

Não é a morte que nos impede de atravessar a ponte, mas, sim, a mente que exagera e distorce as ocorrências. Estas perguntas: "Alguém morreu?" e "O que de pior pode acontecer?" expressam o sentimento de que, embora nosso medo pareça, algumas vezes, querer nos devorar, ele pode ser visto sob outro ângulo. O medo pode ser a última fronteira a ser conquistada, mas não precisa controlar nossa vida. Como vimos, a raiz do termo "coragem" é a palavra "coração". Ter coragem é ter coração e esperança, caminhar para a frente pela estrada da vida, apesar dos sentimentos de desconforto.

SEJA AGRADECIDO POR SUA VIDA

A maior lição que aprendi na vida foi que, se você tiver toda a água que deseja beber e toda a comida que deseja comer, nunca deve reclamar de nada.
EDDIE RICKENBACKER

Eddie Rickenbacker disse as palavras acima após ter sido resgatado, durante a 2.ª Guerra Mundial. Ele e seus colegas haviam passado vinte

e um dias em botes salva-vidas, à deriva, no Oceano Pacífico. Essa experiência lhe trouxe uma nova perspectiva de gratidão pela própria vida, que fora preservada. Por que precisamos ficar frente a frente com a morte para aprendermos a dar valor às muitas bênçãos que recebemos na vida? Sentir-se verdadeiramente grato por uma bênção e por estar participando dessa jornada a que chamamos vida é a essência da sabedoria, o apogeu da felicidade.

Apenas os seres humanos suficientemente iluminados têm essa postura de gratidão e, infelizmente, ela costuma ser resultado de uma adversidade ou tragédia. A dádiva que a gratidão nos oferece é uma ligação mais profunda com o Espírito, uma relação mais íntima com Deus.

No final do filme **Cidade dos anjos**, perguntam ao anjo Seth se abandonar a eternidade por Maggie, seu grande amor, valera a pena, agora que ela havia sido tragicamente levada para longe dele. Sua resposta foi: "Senti o toque de seus lábios, o contato de sua pele, o cheiro de seus cabelos. É claro que valeu a pena." Como anjo, Seth não podia experimentar as sensações físicas que são banais para os seres humanos, como relaxar num banho quente, morder uma fruta madura, nadar com as ondas do mar, tocar a mão do outro, abraçar o ser amado e fazer amor. No filme, essas experiências humanas são ambicionadas pelos anjos. "Qual é a sensação?", perguntou um anjo a Seth, com sofreguidão, depois que ele "desceu à Terra".

Não dar valor à nossa vida é um mau hábito. Não o fazemos intencionalmente, mas é assim que agimos. Deixamos que tudo se torne rotineiro e previsível: nossos companheiros, pais, filhos, empregos, nossa saúde, o governo ou, até mesmo, a tecnologia.

Se há algo que eu nunca permito que se torne banal é a experiência de viajar num avião. Como é que aquela gigantesca máquina de metal, com centenas de pessoas e algumas toneladas de carga a bordo, consegue ficar no ar, no meio do nada?

Apesar de ter voado inúmeras vezes, quando estou num avião e observo pela janela o horizonte que se descortina diante dos meus olhos, sinto-me grata a Deus, que deu aos seres humanos a capacidade de inventar algo assim. Nunca vou considerar banal uma viagem de avião, é um milagre grandioso demais para mim. Talvez isso seja fruto da minha ascendência italiana. Nos vôos da Alitalia, os passageiros aplaudem quando o avião aterrissa. Pode ser que estejam ovacionando a tripulação e agradecendo, mas, para mim, é Deus quem está sendo aplaudido pelo milagre daquele vôo, principalmente depois que todos se encontram de novo em terra firme. E se nós enxergássemos a vida como um milagre? Será que começaríamos a dar a ela seu devido valor?

O MOSAICO DA FELICIDADE

Ver o mundo num grão de areia diminuto,
E um paraíso num botão que aflora,
Na palma da mão, guardar o absoluto,
E a eternidade em apenas uma hora.
WILLIAM BLAKE

Muitas pessoas não são agradecidas por suas vidas porque não conseguem enxergar os milagres que elas são. A gratidão leva à felicidade, e a felicidade é uma atitude, um estado de espírito. Nós temos o poder de nos sentir felizes através da forma como enxergamos nossa vida: é uma sensação de estar vivo, absorvido e receptivo ao momento. Nós não buscamos a felicidade porque ela irá nos dar algo mais. A felicidade é, ela própria, o sentimento fundamental que almejamos, nirvana, tranqüilidade, o ponto fundamental da existência humana.

Felicidade não é um elixir que cura todos os males, mas é um antídoto, algo que nos torna capazes de lidar com nossos problemas sem perder a auto-estima, sem abrir mão da nossa qualidade de seres humanos. Mas nós temos uma tendência a associar felicidade com sucesso material e, por isso, compramos bilhetes de loteria.

Micheline Gravel ganhou 4 milhões de dólares na loteria e não teve um segundo de paz por causa disso. Na verdade, ela perdeu o marido e todo o dinheiro e, depois, tentou suicídio, num momento de desespero. Quando entrou em contato com outros 15 ganhadores de prêmios de loteria, ouviu deles histórias semelhantes, sobre como suas vidas foram destruídas após receberem grandes somas de dinheiro. Então, o que significa ser feliz? O que é necessário para que você se sinta feliz? Quando você se sente mais feliz e quanto tempo dura essa sensação? Que ingrediente garante a felicidade eterna? Existe algo assim? Todos nós conhecemos pessoas que têm problemas completamente superficiais, mas que, apesar disso, não conseguem solucioná-los. Nós procuramos motivos para reclamar e nos concentramos na falta em vez de na abundância que existe em nossas vidas.

E se a vida fosse uma série de momentos e a maneira de alcançar a felicidade fosse ter o maior número possível de momentos "sagrados" ou "perfeitos"? E se esses momentos pudessem ser representados por pequeninos cacos de vidro colorido que fossem formando um enorme mosaico? Experimente pensar na felicidade como uma coleção de momentos perfeitos que devem ser saboreados, pequenos pedaços de alegria aqui, momentos de bem-estar ali, momentos de bênçãos distribuídos acolá, todos sendo acrescentados, um a um, a essa obra-prima chamada "um mosaico da minha vida".

Entretanto, observamos que a maior parte das pessoas acredita que, para ser verdadeira, a felicidade deve ser constante e contínua. Elas não querem pequenos pedaços de vidro quebrado, querem um gigantesco e uniforme tapete de alegrias. Mas essa uniformidade é impossível. A felicidade constante não seria felicidade porque você não teria nada com que compará-la.

Imagine-se no fim de um dia maravilhoso, após uma reunião de família anual e, na volta para casa, um motorista o força a sair da estrada. Você diz: "Esse mundo está mesmo perdido!" Você passou uma tarde maravilhosa ao lado de seu amor e, ao voltar para casa, descobre que o porão está inundado. Você pensa: "Por que minha vida é tão cheia de problemas?" Você recebe uma multa por dirigir em alta velocidade, esquece o jantar queimando no forno ou discute com um

amigo e logo anuncia ao mundo que sua vida foi por água abaixo e que nunca poderá ser feliz.

A tragédia da vida surge quando jogamos fora os nossos preciosos e abençoados cacos de vidro, nossos "momentos sagrados", porque os consideramos insignificantes demais para serem chamados de felicidade. Nós os jogamos fora sempre que perdemos a fé, vivenciamos um fracasso ou ficamos zangados. Por que uma única experiência negativa consegue apagar dez positivas? Por que permitimos que o negativo tome conta de nossas vidas?

Precisamos de uma nova postura em relação à felicidade. Devemos abandonar a idéia de felicidade como algo permanente, perfeito e constante. Esse tipo de felicidade não existe, e não há nenhum problema nisso. Não devemos nos sentir fracassados se não conseguirmos alcançá-lo; em vez disso, vamos colecionar os milhares de cacos de vidro, cada um deles representando um momento sagrado, cada um desses momentos carregando uma história e um sentimento ímpares, uma expressão do Espírito em nossas vidas. É para isso que vivemos.

Isto é felicidade: momentos tão reais e belos que deixam uma marca na alma, lembranças de amor e bondade guardadas em nossos corações, momentos de bênçãos tão arrebatadoras que podemos jurar ter visto o rosto de Deus. São esses valiosos fragmentos que fazem da vida algo completamente singular, algo que vale a pena.

Não permita que a vida roube de você seus momentos perfeitos. Reconheça-os, proteja-os, guarde-os em seu coração. E, quando estiver pronto, acrescente-os a seu mosaico, um por um. Com o passar do tempo, no crepúsculo da vida, você poderá olhar para trás e admirar sua obra-prima. Contemplando seu gigantesco trabalho artístico, você dirá ao mundo, com orgulho: "Esta é a minha vida!"

Conheça também outros livros da **Fundamento**

VOCÊ PODE

Paul Hanna

O que as pessoas de sucesso têm de diferente das outras? A resposta é clara: o que cada um pensa de si e como age. A confiança em si mesmo é capaz de levar a surpreendentes vitórias diante de grandes desafios.

A ARTE DA GUERRA PARA MULHERES

Chin-Ning Chu

Neste livro, são apresentadas estratégias para a conquista do sucesso pessoal e profissional. Já está na hora de as mulheres aprenderem tudo o que se relaciona à arte da guerra, para viverem felizes e em paz.

ABAIXO A DEPRESSÃO

Susan Tanner e Jillian Ball

Tristeza e depressão são incrivelmente comuns em nossa sociedade. Este livro ensina a modificar o estado de espírito através da mudança de seu estilo de pensamento.